杨讷史学著作四种

丘處機“一言止殺”考

图书在版编目(CIP)数据

丘处机"一言止杀"考/杨讷著. —上海：上海古籍出版社，2018.2（2023. 11重印）
（杨讷史学著作四种）
ISBN 978－7－5325－8695－0

Ⅰ. ①丘… Ⅱ. ①杨… Ⅲ. ①丘处机（1148－1227）—人物研究 Ⅳ. ①B959.92

中国版本图书馆 CIP 数据核字(2018)第 004298 号

杨讷史学著作四种
丘处机"一言止杀"考
杨 讷 著
上海古籍出版社出版发行
（上海市闵行区号景路 159 弄 1－5 号 A 座 5F 邮政编码 201101）
（1）网址：www.guji.com.cn
（2）E-mail：gujil@guji.com.cn
（3）易文网网址：www.ewen.co
江阴市机关印刷服务有限公司印刷
开本 787×1092 1/32 印张 6.25 插页 6 字数 108,000
2018 年 2 月第 1 版 2023年 11 月第 3 次印刷
印数：3 ,901—4 ,700
ISBN 978－7－5325－8695－0

K・2419 定价：35.00 元

杨讷，1935年出生上海，祖籍江苏镇江。1953年毕业于华东师大附中，同年考入北京大学历史系，五年制。1958年进中国科学院历史研究所，攻元史。1986年转入北京图书馆（今国家图书馆），1995年退休。

与妻子郑启吟在温哥华

目　录

前　言

这本小书由三篇文章组成，其中两篇讲丘处机“一言止杀”，一篇讲早期全真道与方技，都是以前在《中华文史论丛》上发表过的。

我最早写的一篇讲丘处机“一言止杀”的文章，刊登于2002年出版的张政烺先生九十华诞纪念文集上，篇名即为《丘处机“一言止杀”辨伪》。那篇文章八千字，发表不久我就意识到以这点篇幅是解决不了这样的难题的，酝酿改写。2006年我读了齐鲁书社出版的专著《全真七子与齐鲁文化》，其中讲丘处机的章节就达四万字，遂决意改写《辨伪》，这便产生了《再辨伪》。《再辨伪》三万多字，是原来《辨伪》的四倍，足以覆盖《辨伪》的全部内容。现在本书收了《再辨伪》，自然没有必要再收《辨伪》。这次以《丘处机“一言止杀”考》用作本书书名，不便之处，有请读者谅解。

作　者

2017年6月

丘处机“一言止杀”再辨伪

前　言

在全真道历史上，长春真人丘处机（1148—1227）享有极其崇高的地位，至今人称丘祖。1222 年丘处机应召在西域晋谒成吉思汗的事迹，是后世全真道徒津津乐道的话题，也深受近代学者重视。相传丘处机当面向成吉思汗建言止杀，成吉思汗采纳其言，在战争中停止或减少了屠杀。从元至今，全真道徒一直宣扬丘处机这一功绩，清朝的乾隆皇帝还将它概括为“一言止杀”（见乾隆题北京白云观丘祖殿：“万古长生，不用餐霞求秘诀；一言止杀，始知济世有奇功。”）现今有些学者仍不同程度地认为实有其事。我怀疑这段故事的真实性已有多年，曾于 2000 年写过一篇文章，题为《丘处机“一言止杀”辨伪》，发表在张政烺先生九十华诞纪念文集上。[1] 我从最早的关于丘

① 《揖芬集》，北京，社会科学文献出版社，2002 年，页 523—532。

处机西行的记载入手，循迹而下，通过史料的排比与分析，揭示这段故事是怎样生成的。我的结论是，所谓“一言止杀”不过是丘处机的后继者们炮制的谎言。文章发表后，本以为自己的抛砖之举或许能引起一点讨论，结果是几乎没有什么反应。那本文集印数甚少，知者寥寥。惟一使我尚感鼓舞的，是牟钟鉴教授在2003年香港举行的一次全真道学术讨论会上提到了我的文章。牟教授是不同意我的观点的，但他中肯地指出，如果我的说法成立，“则一系列全真史料的真实性都要受到怀疑，丘祖的历史评价也要重新改写了。这个问题必须由全真道研究者加以回答，而且必须由史料的考辨入手”。① 的确，我对全真史料（准确地说，是全真道徒撰写的史料）的真实性的怀疑并非只有我在上篇文章中指出的若干处，我对丘处机的评价也远低于现今有些研究者所作的评价。因此，我在读了牟教授的文章以后，非常盼望读到反驳我的观点的文章，以便深入进行讨论。

半年前我认真拜读了2005年齐鲁书社出版的由牟教授主持编写的《全真七子与齐鲁文化》（下简称《全真七子》）。这

① 《全真道研究的过去、现在和未来》，载《全真道传承与开创国际学术研讨会论文集》，香港，2003年，页45。

部书总共四十万字，其中专讲丘处机的章节逾四万字，全面肯定了丘处机西行及其“止杀”的功绩，评价之高远远超出我的预料。惜乎此书并不由史料的考辨入手，甚至任意剪拼史料，以致其证据与结论多有商讨的余地。反过来再看自己几年前发表的那篇文章，明显存在言之过简和征引史料不足的缺点，还有几处笔误。而且，经过近几年的阅读和思考，我对当初把握不定的几个问题也有了比较明确的认识。故而我对原先发表的文章作了修改、订正和补充。原作一万字，经此修订，增至三万字，但文章主旨依旧，结构亦无大的变化。谨以“再辨”的名义发表于此，敬向研究全真道的朋友们讨教。

一 《长春真人西游记》成书时间

研究丘处机西行事迹，可读的资料不少。首先要读的是丘处机随行弟子李志常（1193—1256）写的《长春真人西游记》（下简称《西游记》），它是记述西行事迹最完整的第一手资料。但在利用《西游记》之前，先须辨明它的成书时间，因为过去王国维和向达先生曾有误判。

误判是由王国维造成的，他在《长春真人西游记校注》的序文中说：

> 此记作于长春没后，前有孙锡序，署戊子秋后二日，正当睿宗拖雷监国之岁，而卷末有庚寅七月大葬仙师事，盖书成后所加入。①

向先生在校注本耶律楚材《西游录》的前言中引了王国维的判断，接着说：

> 《西游录》成书于一二二八年，刊行于一二二九年。长春真人弟子李志常所著《长春真人西游记》前面有孙锡的序，末署戊子，即一二二八年，与《西游录》成书之年同。但《西游记》末一直记到庚寅即一二三〇年长春之葬。王国维以为《西游记》成于长春没后，卷末一段是书成后所加入。这是执泥于孙锡一序的记年。其实是书还没有写成，先请人作序而已。②

向先生与王国维的出发点是一样的。他们都以为《西游记》纪事至“庚寅”年，都想解释有“庚寅”年纪事的书何以会有戊

---

① 见《王国维遗书》(13)，上海古籍书店影印，1983年。

② 《西游录》前言，北京，中华书局，1981年，页3。

子年的序。而且，他们的解说也只有微小的差别，因为只要承认书中纪事至庚寅年，就可以说书的最终完成是在庚寅年或再后。然而，他们两位都错了，《西游记》纪事仅至戊子年，书中根本没有庚寅年的纪事。

由王国维亲手校注的两卷《西游记》，其纪事仅至戊子年七月。导致王国维误判为庚寅年七月的，是下面这段文字：

> 戊子春三月朔，清和（尹志平）建议为师构堂于白云观。……自四月上丁除地建址，历戊、己、庚。俄有平阳、太原、坚、代、蔚、应等群道人二百余赍粮助力，肯构是堂，四旬告成。……期以七月九日大葬仙师。六月间霖雨不止，皆虑有妨葬事。既七月初吉，遽报晴霁，人心翕然和悦……（以下具述葬事）①

其中所说“历戊、己、庚”，是指戊子年四月第一个丁日以后的戊、己、庚三日。大概是一时疏忽，王国维竟以为“戊、己、庚”是指戊子、己丑、庚寅三年了，以致把丘处机的葬礼

① 《长春真人西游记》（下简称《西游记》）卷下，载《道藏》（34），文物出版社、上海书店、天津古籍出版社影印，1988 年，页 499 上—中。

错认在庚寅年七月，这便要为孙锡作序的时间找一个说法。向先生没有查核原书，跟着错了。当时纪丘处机葬事的，还有一篇陈时可写的《燕京白云观处顺堂会葬记》（下或简称《会葬记》），其中明确写到尹志平等“以四月丁未除地建址，越四日庚戌，云中、河东道侣数百辈裹赢粮来助，凡四旬成”。[①] 可知《西游记》中的“上丁”日为丁未日，“庚”为庚戌日而非王国维说的“庚寅”年。丘处机在戊子年七月九日下葬，《西游记》纪事至“翌日”即七月十日。这年六月二十八日立秋，故知孙锡作序在六月三十日，早葬礼九天而已。想是当时赶着为丘处机葬事献礼，边筹办葬事，边请孙锡为《西游记》作序。序文拿到，葬事即举，李志常随后在书尾再添几笔，最终完成了《西游记》全书。

二　《西游记》为何不见长春止杀之语

现在可以确认，《西游记》是1228年问世的，它是记述丘处机西行事迹最早最完整的第一手资料。可是，《西游记》中偏偏没有后世广为流传的“一言止杀”故事。这个问题，晚清

① 《甘水仙源录》卷九，载《道藏》(19)，页796下。另见陈垣编纂，陈智超、曾庆瑛校补《道家金石略》，北京，文物出版社，1988年，页458。

的全真道徒陈铭珪（1824—1881）注意到了。陈铭珪字友珊，广东东莞人，咸丰壬子（1852）副贡生，晚学道，为罗浮酥醪观住持，自号酥醪洞主。他在光绪年间著《长春道教源流》八卷，竭力推崇丘处机“一言止杀”的历史功绩，甚至把成吉思汗 1224 年由西域东返也归因于丘处机进言止杀，说是“当时太祖班师，实因长春劝以止杀使然”。[①] 陈铭珪以一个虔诚的道徒作如是说，是不奇怪的；但他并不讳言《西游记》未载丘处机“止杀”之语。他解释说：

> 或曰：长春止杀之语，此《记》未之载，何耶？曰：此志常之慎也。当长春入对时，与坐者止阿海、阿里鲜、刘仲禄、田镇海四人，而仲禄、镇海必长春请召之乃得入帐。长春守老子成功弗居之训，不言温树，志常未之闻，故不敢载也。然《记》载长春“十年兵火万民愁”一诗，又载“欲罢干戈致太平”一诗，又载长春“奏话期将至，可召太师阿海”，阿海固曾以“止杀掠，应天心”告太祖者。长春之望太祖止杀，《记》固曲传之矣，况元时诸家

① 《长春道教源流》卷二，聚德堂丛书本，叶 34B。另见《续修四库全书》，1295 册（下简称“续修本”），上海古籍出版社，2002 年，页 364 上。

文集具述之，《元史》亦特纪之乎！①

陈铭珪的解释完全出于臆测，不能消除别人的疑问。首先，他忽略了《西游记》是一部集体的游历记录，并非李志常个人著述；李志常只是执笔人而已。当时随丘处机西行的十八（一说十九）弟子，陪同丘处机抵达成吉思汗行在的不过五六人，多数留在了途中。李志常是最早留在途中的一个。据《西游记》卷上，辛巳年（1221）七月二十五日，丘处机等一行抵阿不罕山。次日镇海来见，对丘处机说：“前有大山高峻，广泽沮陷，非车行地。宜减车从，轻骑以进。”处机“用其言，留弟子宋道安辈九人，选地为观”。李志常便是留在阿不罕山的九人之一。王鹗《玄门掌教大宗师真常真人道行碑铭》记：

〔辛巳〕秋七月至阿不罕山，距汉地几万里，并山汉人千家，逆师（丘处机）罗拜，以为希世之遇，咸请立观，择人主之。师将行，指公（李志常）坐上语众曰：“此子通明中正，学问该洽，今为汝等留此，其善待之。”因赐公

① 《长春道教源流》卷二，叶34B—35A；另见续修本，页364上—下。

真常子号，额名其观曰栖霞。①

李志常、宋道安等就此留在阿不罕山，直到癸未（1223）年五月丘处机东返途经阿不罕山时才与其师会合，时间已过去一年零十个月。《西游记》总共约二万三千字，其中近万字是记丘处机在这一年零十个月里的游历与活动。这一万字的纪事，李志常完全是根据丘处机本人和当时在丘处机身边的几个弟子提供的笔记或口述撰写的。其书完稿前后，必定经掌教尹志平等西行弟子看过。因此，我们必须如实地把《西游记》看作集体的制作。《西游记》未载“一言止杀”故事，原因不在李志常个人慎不慎、闻未闻、敢不敢，而在这个集体无人知晓这个故事。

那么，为什么会无人知晓呢？能不能像陈铭珪那样，把原因归于丘处机“不言温树”（语出《汉书·孔光传》，意谓不言宫禁中事）呢？不能。《西游记》分明讲了 1222 年四月至 1223 年三月丘处机多次晋见成吉思汗的情景与对话，讲了丘处机劝成吉思汗在蒙古人中提倡孝道，讲了成吉思汗出猎坠马，丘处

① 《甘水仙源录》卷三，载《道藏》(19)，页 745 中；另见《道家金石略》，页 578。

机怎么会“不言温树”呢？陈铭珪又说《西游记》“曲传”了丘处机“望太祖止杀”的心愿，可是弟子们撰述《西游记》意在彰显乃师伟绩，“一言止杀”是大好事，如果真有其事，弟子们何不直书，却要“曲传之”呢？而且，从事理讲，李志常必先有所闻，尔后才有敢不敢载的问题。陈铭珪既已断定李志常“未之闻”，怎么能再说他“不敢载”呢？大概陈铭珪也感到自己解释乏力，所以末了搬出元人文集和《元史》，以这些晚出的记载来证明“一言止杀”为实有。他似乎忘了，他自拟的问题是：“长春止杀之语，此《记》未之载，何耶?”能够这样发问的人，十之八九是已知它书有记载的。面对这样的发问者，答以晚出的书有记载，能解决问题吗?

归根到底，陈铭珪拟问的角度就有偏差。如果他能持客观研究的立场，衡量不同记载的出现先后和价值高低，把问题改成“此《记》出于长春随行弟子之手，成书早而言最详，却不见长春建言止杀，《元史》及它书所载究有何据”——循着这样的思路去探索，答案自会不同。但是，陈铭珪囿于他的道徒立场，笃信“止杀”之真有，不思其事之或无，虽然《西游记》中不乏有力的反证，他却不能予以正视，因而作了错误的论断。

不过，话说回来，陈铭珪还是比今天某些研究者要客观一点，他毕竟是承认《西游记》中没有“长春止杀之语”的。

三 《长春真人本行碑》、《西游录》也不见长春止杀之语

在《西游记》成书三个月以后，1228年十月，陈时可写了《长春真人本行碑》（下简称《本行碑》）。本文第一节引用过陈时可写的《燕京白云观处顺堂会葬记》，《本行碑》写于《会葬记》之前，《长春道教源流》卷三收有此碑。碑文起首说：

> 戊子之秋，八月丙午，余自山东抵京城，馆于长春宫者六旬。将徙居，清和子尹公谓余曰：“我先师真人既葬矣，当有碑。知先师者君最深，愿得君之词，刻之以示来世。”余再让于耆宿，且以晚涂思涸，不足以发明老仙为解，弗从也。乃命其法弟玄通大师李君浩然状老仙之行，谒文于余曰……①

以下，陈时可全引李浩然撰写的《行状》，约一千三百字，然后说：

① 《长春道教源流》卷三，叶3B—4A；另见续修本，页367下—368上。

> 呜呼！浩然君能述其父师之道行若是昭昭然，可谓能子矣，又岂待鄙夫文之而后著耶。①

陈时可字秀玉，燕人，号寂通居士，在金为翰林，后来在窝阔台时期任燕京课税官员。本人奉佛，但与丘处机交游久，常有诗倡和。在一篇碑文中照录《行状》全文，实在罕见。原因陈时可已经讲了，是怕自己“不足以发明老仙”。他的担心是有道理的，两人不属一教，虽是至友也难完全相通，不如直接引用《行状》。李浩然即《西游记》撰述人李志常，浩然是其字。《行状》记西行事仅数十字：

> 壬午之四月，甫达印度，见皇帝于大雪山之阳。问以长生药，师但举卫生之经以对。他日又数论仁孝。皇帝以其实，嘉之。癸未之三月，车驾至赛蓝，诏许师东归。②

与《西游记》相比，《行状》的叙述太简短了，但它仍出于李志常之手，撰写时间仅晚《西游记》数月，又经尹志平、陈时

① 《长春道教源流》卷三，叶 6B；另见续修本，页 369 上。

② 《长春道教源流》卷三，叶 5A；另见续修本，页 368 下。

可过目认可，不能因其简短而忽视。就“一言止杀”故事而言，《行状》（也就是《本行碑》）同样有个“未之载”的问题。陈铭珪收录了《本行碑》，但不再讨论这个问题。

也是在戊子年，耶律楚材（1190—1244）写了《西游录》。耶律楚材从1219年起扈从成吉思汗西征，比丘处机早抵寻思干(这是《西游录》用的译名，《西游记》译作邪米思干，今乌兹别克撒马尔罕）两年。1220年三月丘处机在燕京上表陈情，请求推迟行期，等成吉思汗东归后再往晋谒，当时奉命草诏“欲其速致”的就是耶律楚材。[①] 楚材崇奉儒、释，不赞成全真道，但在丘处机生前两人的私交不错。丘处机在西域时，楚材以宾主礼待之，常与联句和诗，其后续有书简往来。处机去世后，楚材方吐露对全真道的不满。六千多字的《西游录》，竟有四千字是批评丘处机的。楚材称全真为“老氏之邪”，说自己对丘是“友其身也，不友其心也”，“面待而心轻之”，还列举自己“不许丘公之事”十件。[②] 透过《西游录》，可以窥见丘处机在西域的若干行为，并无一丝进言止杀的痕迹。孤立地看，或许有理由怀疑这是楚材有意掩埋丘处机救人济世的盛德；但与

① 《西游录》，页14。
② 《西游录》，页15—16。

同年问世的《西游记》、《本行碑》放在一块看，恐怕只能打消这种怀疑。事实是直到1228年根本没有丘处机进言止杀的说法。

四　关于《玄风庆会录》的三个问题

在1228年以前，还存在一卷丘处机对成吉思汗讲道内容的真实记录，名《玄风庆会录》（下或简称《庆会录》）。但是，那时它尚秘藏宫禁，鲜为人知。按我本人的想法，《庆会录》原可放在《本行碑》与《西游录》之前讲。但前人的种种说法给《庆会录》蒙上了层层烟雾，不吹散这些烟雾，对《庆会录》的引用就会遭人怀疑。而要吹散这些烟雾，必须借助《西游记》、《本行碑》和《西游录》。所以我把《庆会录》放到这里来讲。

《玄风庆会录》是一卷非常特殊的书，收在《正统道藏·洞真部·谱录类》。其书署“元侍臣昭武大将军尚书礼部侍郎移剌楚才（材）奉敕编录”。[①] 书前有一篇近二百字的“壬辰长至日序”，无序者姓名。正文三千多字，记“壬午之冬十月既望”之夕丘处机对成吉思汗讲道内容。书虽不大，引出的问题不

---

① 《道藏》(3)，页388上。

少，前人与今人各有不同的解说。这里且对陈铭珪、向达、王卡和《全真七子与齐鲁文化》的作者四家之说做一点比较和评论。

陈铭珪之说见《长春道教源流》卷八。他先引明代史学家王世贞（1526—1590）的话，指出《庆会录》所署耶律楚材的官衔是错误的，接着说：

> 李志常《西游记》载，长春两见太祖于大雪山，太师移剌国公（指耶律楚材）俱不在坐，在坐者惟太师阿海。〔庆会录〕云录者移剌楚材，盖志常化后其徒以所闻辑此书，误阿海为楚材，阿海亦移剌氏也。①

陈铭珪否认耶律楚材为《庆会录》录者，还算说了一点理由(虽然这理由不能成立)。而他关于该书是1256年李志常卒后其徒根据传闻辑成的论断，却没有说出任何理由，仅用一个“盖”字便下了判语。本文下节将会讲到，陈铭珪在这个问题上为何如此武断。

向达实际上接受了陈铭珪的说法，甚至比陈铭珪推论得更

① 《长春道教源流》卷八，叶21B；另见续修本，页474上。

远。在校注本耶律楚材《西游录》中，向达专就《庆会录》写了一个注，注中说：

〔庆会录〕有一篇不署作者姓名的序，序文末作“壬辰长至日”。这一个壬辰不知是元太宗窝阔台的壬辰还是元世祖忽必烈的壬辰。前者为公元一二三二年，距丘处机见成吉思汗恰恰十年。后者为公元一二九二年，在会见后七十年，距耶律楚材之死已四十九年。序文说《玄风庆会录》“录而秘之。岁乃逾旬，传之及外，将以刊行于世”。可知壬辰乃是刊行的年岁，颇疑这部书刊于元世祖之时，针对楚材《西游录》而作。……近代陈铭珪以为系李志常的门人所辑。可参看《长春道教源流》卷八。①

向达从《庆会录》序文引了十八个字，自称“不知”文末的壬辰是元太宗的壬辰还是元世祖的壬辰。其实，按照序文原文的意思，是推论不到元世祖的壬辰的。序文原文作：

其（长春）往回事迹载于《西游记》中详矣，唯余对

① 《西游录》，页21注释⑦。

上传道玄言奥旨，上令近侍录而秘之。岁乃逾旬，传之及外，将以刊行于世，愿与天下共知玄风庆会一段奇事云。①

查《庆会录》正文末尾，有成吉思汗“已命近臣录之简册，朕将亲览”一语。②《西游记》卷下也有成吉思汗对左右说的“神仙三说养生之道，我甚入心，使勿泄于外”一段话。③ 两处所记均与序文的“录而秘之”相符。可见“岁乃逾旬”是从“录之简册”之年算起的，因而只能是指元太宗的壬辰年。如果是指元世祖的壬辰年，那就该说“岁逾七旬”了。这一点向达是看到的，但他最终还是往元世祖的壬辰年上想，可见是受了陈铭珪的影响。如果按照陈铭珪和向达的说法，则《庆会录》所署编录者姓名伪，成书时间伪，刊印时间伪，内容亦必然有伪，简直是卷地地道道的伪书。

1995年中国社会科学出版社出版了胡孚琛主编的《中华道教大辞典》，其中《玄风庆会录》的释文是由王卡写的。释文作：

① 《玄风庆会录序》，载《道藏》(3)，页387下。
② 《玄风庆会录》，页390下。
③ 《西游记》，载《道藏》(34)，页492下。

> 玄风庆会录，原题“移剌楚材奉敕编录”。移剌楚材即元初著名宰相耶律楚材。一卷。……卷首有元太宗壬辰年（1232）编者自序。……书中所载丘处机与成吉思汗会谈内容，……强调以敬天爱民、好生恶杀为本。其言皆浅近平易。《元史·释老传》记载丘处机西行，劝成吉思汗止戈息杀，与本书旨要大致相符。①

与陈铭珪、向达不同，王卡承认《庆会录》的编录者为耶律楚材，明确指出《庆会录》序文写于“元太宗壬辰年”。但是，王卡的释文也引出了一个新问题，即序文是否为编者自序。同时，王卡也重复了一个老话题，即丘处机对成吉思汗“强调以敬天爱民、好生恶杀为本”。这个话题虽老，其中的“好生恶杀”却是《庆会录》没有的。

《全真七子与齐鲁文化》没有专讲《庆会录》问题的段落，但它几次以肯定的方式引用《庆会录》，还不加说明地用《庆会录》正文的文字来修正《西游记》（下详），并且把耶律楚材视为《庆会录》序文的作者。② 可见《全真七子》作者对《庆

---

① 《中华道教大辞典》，页 431。
② 《全真七子与齐鲁文化》，页 297。

会录》内容的真实性是确信不疑的。

综合以上四家的看法，可以归纳为四个需要讨论的问题，即：一、《庆会录》刊行于何时？二、《庆会录》是谁编录的？三、《庆会录》的序文是编者自序吗？四、我们从《庆会录》读到了什么？本节讨论前三个问题。第四个问题最大，留待下节讨论。

先说《庆会录》刊行于何时。在这个问题上，陈铭珪、向达显然错了。就我所见，早在1241年以前，丘处机的再传弟子秦志安（1188—1244）就提到了《庆会录》。在秦志安编写的《金莲正宗记·长春丘真人》中有下面这段话：

> 是时成吉思皇帝方守算端国未下，宣差刘仲禄乃以师（丘处机）见帝。……由是每日召见，即劝之少杀戮，灭嗜欲。前后数千言。耶律晋卿方为侍郎，录其言以为《玄风庆会录》，皇帝皆信而用之。①

据元好问《通真子墓碣铭》，② 秦志安字彦容，中年修道，1234

---

① 《金莲正宗记》卷四，载《道藏》(3)，页360上。

② 《遗山先生文集》卷三一，四部丛刊本，页314下—315下；另见《道家金石略》，页486—487。

年金亡后师从丘处机弟子宋德方（西行十八门人之一）。自1237年起随宋德方整理道藏。本人撰有《金莲正宗记》、《烟霞录》等。其《金莲正宗记》序文作于辛丑年（1241），[①] 故而他的话足以证明《庆会录》刊于太宗年间，不会在1356年李志常卒后，更无可能在世祖壬辰年（1292）。

秦志安的话也证实了《庆会录》的编录者是耶律楚材。1241年耶律楚材还在世，他与秦志安均逝于1244年五月。秦志安不至于当耶律楚材在世的时候就毫无根据地说《庆会录》是耶律楚材编录的。但是，单凭秦志安的话不足以破除陈铭珪的说法，尚需证明丘处机对成吉思汗讲道时耶律楚材在坐。这有证据吗？有的，请看耶律楚材本人的话。

在耶律楚材以答客问的体裁写的《西游录》下卷里，两次谈到丘处机的讲道。一次作：

> 客曰：丘公进奏谈道之语，可得闻欤？
>
> 居士曰：壬午之冬十月，上召丘公以问长生之道。所对皆平平之语言及精神气之事。又举林灵素梦中絜宋徽宗

① 《金莲正宗记序》，页344上。

游神霄宫等语。此丘公传道之极致也。[①]

无论上文中的“客”是实有其人还是纯属虚拟，文中的答语均表明楚材是了解丘处机谈道内容的。答语虽然简短，却与《庆会录》内容吻合。1228 年《庆会录》尚未刊印，楚材如非亲知，写不出这段答语，也不会拟出这样的问题。

上文稍后，又有一段问答：

客曰：予闻诸行路之人有议子者，以为匿怨而友其人，孔子耻之。君胡为面许而心非也？……

居士曰：予与丘公，友其身也，不友其心也；许其诗也，非许其理也。奏对之际，虽见瑕玼，以彼我之教异，若攻之则成是非，故心非而窃笑之。……[②]

这里楚材明确说出，他在丘处机对成吉思汗讲道时（“奏对之际”）已经看出丘的毛病（“瑕玼”），当时不说是因为怕生是非。这说明，丘处机“奏对之际”，楚材是在场的。当然，楚

① 《西游录》，页 14。
② 《西游录》，页 16。

材怕生是非的说法也不可尽信。那时成吉思汗安排的就是专听丘处机讲道，楚材只是以近臣身份旁听并笔录，哪里有他说话的份儿。

陈铭珪没有注意《西游录》中以上两段问答，也没有准确理解《西游记》的有关记述，便断言丘处机讲道时耶律楚材不在坐。《西游记》原文作：

> 九月朔，渡航桥而北。……其月望，上设幄斋庄，退侍女左右，灯烛炜煌，唯阇利必镇海、宣差仲禄侍于外。师与太师阿海、阿里鲜入帐坐，奏曰：“仲禄万里周旋，镇海数千里远送，亦可入帐，预闻道话。”于是召二人入。师有所说，即令太师阿海以蒙古语译奏，颇惬圣怀。十有九日清夜，再召师论道，上大悦。二十有三日，又宣师入幄，礼如初。上温颜以听，令左右录之，仍敕志以汉字，意示不忘。谓左右曰：“神仙三说养生之道，我甚入心，使勿泄于外。”①

据此，丘处机自九月望日起九天之内三见成吉思汗（陈铭珪说

① 《西游记》卷下，载《道藏》(34)，页 492 下。

两见，误)。初见这次，《西游记》明言“退侍女左右”。再见时，《西游记》未提左右如何。三见时，有左右人员在场记录。尤其要注意“仍敕志以汉字”一语，其中的“仍”字表明，前两次里至少已有一次是“志以汉字”的，那就必有以汉字笔录的人员在场。其实，即使是“退侍女左右”的一次，也不见得退个干干净净，连备用的译员和记录人员都不留。既有录者，其人为谁?《西游记》说是“左右”，《庆会录》说是“近臣”，正合耶律楚材那时的身份。宋子贞《中书令耶律公神道碑》说，耶律楚材于1215年归属蒙古，不久便被成吉思汗看中，“雅重其言，处之左右，以备咨访”。1219年扈从西征，“用公日密”。[①] 那时耶律楚材地位不高，尚非大臣，但常在成吉思汗身边，无疑为近臣。大汗有事，近臣侍奉左右乃平常事，不似大臣晋见，需要预作安排。丘处机讲晋谒情形，对于大汗身边有谁侍奉，原是不一定要提的。丘处机不提，《西游记》执笔人李志常更不会提，因为李志常那时身在阿不罕山，根本没有到过成吉思汗行在。陈铭珪没有认真揣摩事理，仅据《西游记》所记第一次讲道时的情形，便断言耶律楚材在丘处机讲道

① 《国朝文类》卷五七，四部丛刊本，页633上。另见《全元文》(1)，南京，江苏古籍出版社，1997年，页170。

时从未在坐，未免过于轻率。秦志安说《庆会录》系耶律楚材所录，我以为是可信的。在这一点上（但也仅仅在这一点上），我与王卡及《全真七子》的作者看法相同，虽然我不知道他们持论的根据是什么，因为他们没有讲。

接下来的问题，便是《庆会录》那篇序文是否为编录者自序。王卡和《全真七子》作者都说是编录者即耶律楚材自序，我不能同意。这篇序文不足二百字，本文前面引过一部分，现在需要全文引出，以观究竟：

> 国师长春真人昔承宣召，不得已而后起。遂别中土，过流沙，陈道德以致君，止干戈而救物。功成身退，厌世登天。自太上玄元西去之后，寥寥千百载，唯真人一人而已。其往回事迹载于《西游记》中详矣，唯余对上传道玄言奥旨，上令近侍录而秘之。岁乃逾旬，传之及外，将以刊行于世，愿与天下共知玄风庆会一段奇事云。壬辰长至日序。①

序文称《庆会录》录者为成吉思汗"近侍"，如果序文真是录

① 《玄风庆会录序》，载《道藏》(3)，页387下。

者自序，则序文的作者便是近侍本人。一个受命“录而秘之”的近侍，敢公然违背圣命，将自己录下的东西刊行于世吗？因此，无论编录者为谁，序文都不可能是编录者自序。在确认编录者为耶律楚材之后，更不应该认为序文是编录者自序。因为耶律楚材在1228年写的《西游录》中已经公开批评丘处机了，他称全真为“老氏之邪”，怎么会到1232年反过来吹抬丘处机是老子以下“一人而已”呢？而且，序文还用丘处机本人的语言称颂他“止干戈而救物”，这是《庆会录》正文没有的。这也说明，序文必出于全真道徒之手，必非耶律楚材所作。

五　从《庆会录》可以读到什么

《庆会录》篇幅不算大，内容非常丰富，值得一切丘处机研究者认真细读。但是，并非一切信其为实录者都能从中读到同样的东西，有时差别是很大的。以我和《全真七子》作者为例，尽管都认为《庆会录》是丘处机对成吉思汗讲道内容的真实记录，从中读到的东西却大不相同。直言之，有的东西他们说是读到了，我怎么也读不到；有的东西我读到了，他们似乎没有读到；有的东西好像我和他们都读到了，但作出的评价截然相反。因此，在这一节里我想把自己读到或读不到的东西坦陈于读者面前，希望引起更多研究者注意。先讲我读不到的。

《庆会录》正文有建言止杀的内容吗?《全真七子》给了肯定的答案。该书第六章第七节有这样一段话:

依据《玄风庆会录》、《长春真人西游记》与《西游录》(足本)的记载,丘处机在与成吉思汗的交往过程中,随处适时进言劝谏,其主要内容有以下三点:(一)外修阴德,内固精神。《玄风庆会录》言:“陛下修行之法无他,当外修阴德,内固精神耳。恤民保众,使天下怀安,则为外行。省欲保神,为乎内行。”这一点又可分为两个方面,其一是内固精神……其二是外修阴德,主旨是止杀乃修德之要。《元史·丘处机传》言:“太祖时方西征,日事攻战,处机每言欲一天下者,必在乎不嗜杀人。及问为治之方,则对以敬天爱民为本。……”又《全真第五代宗师长春演道主教真人内传》言:“七月初,师遣阿里鲜奉表谏上止杀、赦叛,上悦。”又言:“一日,上问曰:‘师每言劝朕止杀,何也?’师曰:‘天道好生而恶杀。止杀保民,乃合天心。……’”(二)敬天保民。由于蒙古有尊天敬天的传统,因此,丘处机在为成吉思汗讲道的过程中,往往投其所好,以此进言,……劝其止杀。而丘处机以天来警戒成吉思汗止杀的目的却是为了保民,希望成吉思汗能够以天为诫，改变以蒙古铁蹄踏平中原的想法，从而使中原百姓免于杀戮之苦。所以《元史·丘处机传》言，当成吉思汗问以为治之方时，丘处机答以“敬天爱民为本”。

（三）劝孝。……①

上面我相当完整地引了《全真七子》谈丘处机建言止杀的文字，仅删去其中无关止杀的百余字，为的是请读者共同来检验《全真七子》引述的丘处机建言止杀的话，究竟有哪句出于《玄风庆会录》（还有《西游记》和《西游录》）。这并非强人所难，而是因为《全真七子》一书自己说它归纳的三点内容是“依据《玄风庆会录》、《长春真人西游记》与《西游录》”。既然这样讲了，总该引几句《庆会录》、《西游记》和《西游录》的话才对，怎么能用丘处机再传弟子李道谦在至元十八年（1281）写的《长春演道主教真人内传》（详见本文第七节）和明朝初年编的《元史·丘处机传》来顶替呢？这使我想起陈铭珪。陈铭珪最终也是用《元史》和元人文集的记述来证明丘处机有止杀之语，但他毕竟是承认止杀之语《西游记》“未之载”的。《全真七子》却把从别处引来的话语说成是“依据”了

① 《全真七子与齐鲁文化》，页295。

《庆会录》、《西游记》和《西游录》。两者相比，陈铭珪要客观一些。我对《庆会录》等三书读过多遍，从来没有读到丘处机建言止杀的内容。这次经《全真七子》提示，我又读了一遍，更加相信我过去没有读漏。但愿《全真七子》作者能引三书的原话来证明他们读对了。

其实，《庆会录》不仅没有进言止杀的内容，相反地倒有称颂成吉思汗征服战争的话语。丘处机对成吉思汗说：

> 陛下本天人耳。皇天眷命，假手我家，除残去暴，为元元父母，恭行天罚，如代大匠斫，克艰克难，功成限毕，即升天复位。①

成吉思汗是“天人”，他进行的战争是“除残去暴”、“恭行天罚”。丘处机话已说到这程度，如何再劝成吉思汗不杀呢？是叫成吉思汗不要再执行天罚吗？

13 世纪波斯史学家志费尼（1226—1283）在他的名著《世界征服者史》中记了 1220 年 3 月成吉思汗拿下不花剌（布哈拉）以后对当地民众的一段训话。成吉思汗说：

① 《玄风庆会录》，载《道藏》(3)，页 388 中—下。

> 人们啊，须知你们犯了大罪，而且你们当中的大人物犯下这些罪行。如果你们问我，我说这话有何证明，那我说，这因我是上帝之鞭的缘故。你们如不曾犯下大罪，上帝就不会把我作为惩罚施降给你们。①

原来成吉思汗早丘处机两年就已宣布自己是恭行天罚了。他无疑会喜欢丘处机的话与自己相符。

或许有人会说，《庆会录》所记“恤民保众，使天下怀安”的话就含有止杀的意思。的确，《庆会录》屡有“恤民保众”、“修福济民”、“治国保民”之类的话，但这些话的含义同我们要讨论的止杀之语是两回事。当丘处机对成吉思汗讲“治国保民”、“恤民”、“济民”时，他是以认同成吉思汗的大蒙古国为前提的。他讲的“国”是大蒙古国，他讲的“民”是已在大蒙古国统治下的民。丘处机说：

> 余万里之外一召不远而来，修身养命之方既已先言，治国保民之术何为惜口。余前所谓安集山东、河北之事，

① 《世界征服者史》上册，何高济译，北京，商务印书馆，2004年，页114。

> 如差清干官前去，依上措画，必当天心。①

可见丘处机的所谓“恤民”、“保民”仅是指对已在大蒙古国统治下的人民的治理，并非劝成吉思汗停止对未下汉地或其他国家的攻伐与进取，并非劝阻蒙古军队在攻城略地之际对敌境民众施行暴力。而从元至清全真道徒们宣扬的丘处机止杀之功，均指丘处机劝阻了成吉思汗对敌境民众的屠杀（详见下文）。

由上一段话再往下读，可以看到丘处机向成吉思汗进献了一个怎样的“治国保民”良方：

> 初金国之得天下，以创起东土，中原人情尚未谙悉，封刘豫于东平，经略八年，然后取之。此亦开创良策也，愿加意焉。②

刘豫（1073—1143或1146）是什么人？他原是宋朝官员，南宋初降金。1130年金朝出于统治汉地的需要，册封刘豫为“大齐皇帝”，建都大名，两年后迁都汴梁。刘豫对金须“世修子

① 《玄风庆会录》，载《道藏》(3)，页390中。
② 《玄风庆会录》，载《道藏》(3)，页390中。

礼”，其政权是十足的傀儡政权。他在位期间多次出兵攻宋，境内民怨沸腾。1137 年金废刘豫，改封为王，这就是丘处机说的“经略八年，然后取之”。这是怎样的“开创良策”呢？

丘处机的政治理念如此低下，他的宗教追求亦复可悲。他对成吉思汗说：

> 昔宋上皇本天人也，有神仙林灵素者挈之神游上天，入所居宫，题其额曰“神霄”。不饥不渴，不寒不暑，逍遥无事，快乐自在。欲久居之，无复往人间之意。林灵素劝之曰：“陛下天命人世，有天子功限未毕，岂得居此？”遂下人间。自后女真国兴，太祖皇帝之将娄失虏上皇北归，久而老终于上京。由是知上天之乐何啻万倍人间！①

宋徽宗与林灵素，一个是佞道昏君，一个是道门骗子。他们狼狈为奸，诈欺世人，祸国殃民，在政和、宣和之际（1118 年前后）合演了中国政治史和道教史上丑恶的一幕，为世人痛恶。金、元有识之士多有抨击宋徽宗、林灵素罪行的。1233 年元好问撰《紫微观记》，讲到杜光庭（850—933）在西蜀大搞神仙

① 《玄风庆会录》，载《道藏》(3)，页 389 下。

官府，“虚荒诞幻，莫可致诘”，接着便说：“二三百年之间，至宣政之季，而其敝极。”[①] 王恽（1227—1304）说：“自汉以降，处士素隐，方士诞夸，飞升炼化之术，祭醮禳禁之科，皆属之道家，稽之于古，事亦多矣。徇末以遗其本，凌迟至于宣和极矣。”[②] 吴澄（1249—1333）直指宋徽宗、林灵素“乃前代亡国君臣”。[③] 就我所见，金、元之世颂扬宋徽宗、林灵素欺世之术的，惟丘处机一人。他尊宋徽宗为天人，林灵素为神仙，把他们的秽行作为本教的光荣与神奇来夸说，适足以反映他本人在宗教上追求的是什么。难怪全真道在丘处机掌教时期恢复了许多道教历史上的积弊。

上面引的丘处机关于刘豫、林灵素的话，都是《庆会录》中不可忽略的内容，对研究丘处机的政治理念和宗教追求至关重要，但《全真七子》作者视若未见，均未提及。避开如此重要的实例来谈丘处机“悲天悯人”的宗教家“情怀”，[④] 如何能使人信服呢？

---

① 《遗山先生文集》卷三五，页 366 上；另见《道家金石略》，页 474。

② 《大元奉圣州新建永昌观碑铭并序》，《秋涧先生大全文集》卷五八，四部丛刊本，页 589 下；另见《道家金石略》，页 694。

③ 《复崇仁申县尹书》，《吴文正集》卷一二，文渊阁四库全书本，1197 册，页 143 上；另见《全元文》(14)，页 34。

④ 《全真七子与齐鲁文化》，页 293。

《全真七子》特别推崇丘处机的“实”，说：“长春之‘实’，一是平实之实，不用方术神异欺骗世人；二是诚实之实，待人以诚，远离虚伪；三是实用之实，兴教救世，有益民众。”① 长春真是如此之实吗？当他对成吉思汗夸说林灵素挈宋徽宗神游天宫的时候，他是真心信仰林灵素实有其事呢，还是蓄意说谎欺骗成吉思汗呢？我们知道，对于宗教信仰上彼岸世界的许多事情是不必穷诘究竟的。但是，宋徽宗、林灵素是人，不是神；他们在人世间做的事是实实在在祸害民众的。对此，以“济世救人”为已任的丘处机能不知道吗？如果他是知道的，还对成吉思汗那样说，岂非蓄意欺骗？如果他连宋徽宗、林灵素祸害民众都不知道，还侈谈什么救世益民？

《庆会录》中讲了一件事，是很可以说明丘处机的“诚实”的。丘处机说：

昔金国世宗皇帝即位之十年，色欲过节，不胜衰惫。每朝会，二人掖行之。自是博访高道，求保养之方，亦尝请余问修真之道，余如前说。自后身体康强，行步如故，

① 《全真七子与齐鲁文化》，页 25。

凡在位三十年升遐。①

这段话，我和《全真七子》作者都注意到了。《全真七子》页287从正面引了这段话，显然以为这段话真实可信。单看这段话，人们会以为金世宗即位十年身体就不行了，其后听了丘处机的修真之道，身体转弱为强，得以在位三十年。然而，丘处机讲的是谎话。金世宗直到大定二十八年（1188）春天才召见丘处机，那时世宗已经当了二十七年皇帝，并且以勤政贤明著称。当年八月，丘处机离京返终南。次年正月，世宗就去世了，距丘处机离京仅五个月。丘处机与金世宗接触的这段经过，《全真七子》也讲了，同我讲的一样。差别仅在于《全真七子》没有用这段经过来比对丘处机上一段话。读者不妨比对一下，看看丘处机的话是否诚实。

《庆会录》可谈的内容尚多，有的问题一时也难弄清楚。例如，丘处机对成吉思汗讲道的时间，《庆会录》仅记“壬午之冬十月既望”之夕，② 似乎是一夜讲完的。《西游录》则讲“壬午之冬十月”，③ 月份与《庆会录》一致，没有记讲了多少

① 《玄风庆会录》，载《道藏》(3)，页390中—下。

② 《玄风庆会录》，载《道藏》(3)，页388上。

③ 《西游录》，页14。

次。《西游记》作九月望日、十九日、二十三日三次，[1] 未记十月既望有召见。何者为是，恐怕不好解决。《全真七子》说："据《长春真人西游记》记载，这三次问道的时间分别是十月十五日、十月十九日与十月二十三日。"又说："《玄风庆会录》对于三次讲道的内容，都有详细的记录。"[2] 这两段话与《西游记》、《庆会录》原文不符。我不知两书是否有新发现的版本，使《全真七子》的作者作出如是的结论，猜想这是他们径直糅合两书的结果，即兼采《庆会录》的月份和《西游记》的日期与次数构成的。在问题尚未解决的情况下，这也算一种处理办法，但总以向读者交代一下为好。

在月份上，我倾向于采信《庆会录》，因为既然承认《庆会录》是当时耶律楚材奉敕编录，就应以它为准。而且《西游录》也作十月，两书一致，出错的可能性较小。《西游记》虽然在九月前有八月二十七日的纪事，九月后有十月朔的纪事，看起来首尾完整，似乎也不易出错，但执笔人李志常和1228年的掌教尹志平在1222年都未抵行在，《西游记》是后来整理出来的。就这点而言，《西游记》不如《庆会录》。不过，《庆会

① 《西游记》卷下，载《道藏》(34)，页492下。
② 《全真七子与齐鲁文化》，页294。

录》三千余字，是简练的文言，丘处机原话肯定长多了，内容那么玄奥，还要译为蒙语，成吉思汗一夕之间能否听懂听完，确实让人生疑。据虞集（1272—1348）说，大德（1297—1307）年间成宗曾使人将《庆会录》译为蒙文，竟不能达意，只好命吴全节简述其要义，然后由译者上奏。① 可见《庆会录》是不易译述的。当初丘处机讲道，恐怕非止一夕。这个问题不好解决，但不影响我们对《庆会录》内容的解析。

在结束本节前，我想再说几句陈铭珪。在上一节里，我曾指出陈铭珪的武断：他仅用一个“盖”字就把《庆会录》说成是李志常殁后其徒据传闻所为，不说任何理由。现在我要说，他不能不武断，原因在于《庆会录》有些内容是他根本不能接受的。一个突出的例子是丘处机对宋徽宗和林灵素极其推崇和向往，陈铭珪则持完全不同的态度。在讲到北魏道士寇谦之的时候，陈铭珪说：

> 谦之所为，盖后世斋醮科仪符箓摄召及服食金丹之所由始。此栾大、柳泌、林灵素、陶仲文之流以之诳惑人

① 《河图仙坛之碑》，《道园学古录》卷二五，四部丛刊本，页 227 上；另见《道家金石略》，页 965—966。

主，觊取富贵者，岂长春之比乎！

又说：

林灵素借斋醮上章一事，肆为诞妄，以诳徽宗，卒召北辕之祸。[①]

陈铭珪绝对不会相信，他所崇敬的丘祖丘处机竟是宋徽宗、林灵素的崇拜者。不仅如此，陈铭珪是读过《金史》的，他与元明清许多儒生一样鄙视刘豫，称刘豫傀儡政权为“废齐”。他坚决反对王重阳曾应废齐武举之说，力辩王重阳为“有宋之忠义”。[②] 他怎么能相信丘处机曾向成吉思汗提出在河北、山东再建废齐式政权呢？再有，陈铭珪对金世宗是很敬佩的，他称世宗为“贤主”，又引史书称世宗为“小尧舜”。[③] 他也了解世宗在去世前一两年先后召见王处一、丘处机的时间与经过。他怎么能相信《庆会录》中那段使世宗恢复康强的谎言真是出于丘

① 《长春道教源流》卷三，叶 10B，26A；另见续修本，页 371 上，379 上。

② 《长春道教源流》卷一，叶 25A；另见续修本，页 338 下。

③ 《长春道教源流》卷二，叶 3B；另见续修本，页 348 下。

处机之口呢？还有，陈铭珪是坚信丘处机“一言止杀”故事的，他怎么能接受不载止杀之言的《庆会录》是当年丘处机讲道内容的实录呢？总之，陈铭珪脑海中早已形成了一个高大的丘处机形象，而《庆会录》有太多的东西与这形象不符，所以陈铭珪必须毅然决然地将《庆会录》推掉。陈铭珪读过秦志安的《金莲正宗记》，[①] 他应该知道秦志安在 1241 年已经提到《玄风庆会录》，但他还是把《庆会录》说成是 1256 年以后的作品。可见，要一个全真道徒在涉及本教历史的问题上坚持学术研究的客观性，是非常困难的。

六　故事初编：《长春真人成道碑》

上文业已说明，在《西游记》、《本行碑》、《西游录》陆续问世的 1228 年，并不存在“一言止杀”故事。“一言止杀”故事出现在窝阔台时期，它在姬志真（1192—1267）撰写的《长春真人成道碑》（下简称《成道碑》）中有比较完整的叙述。《成道碑》云：

> 己卯冬十月，上遣便宜刘仲禄率轻骑数十，挽枪开

① 《长春道教源流》卷一，页 10B；另见续修本，页 331 上。

道，径及海滨，奉召征师。真人以天意所存，不辞而发轫。侍行者一十八人，皆丛林之杰出者。指程西北，跋涉艰虞，万里龙沙，继及行在。上嘉来远之诚，重慰劳之。一日，问以长生之药，真人曰：“有卫生之经，无长生之药。”上嘉其诚。每召就坐，即劝以少杀戮，减嗜欲及慈孝之说，命史录之。……

曩者国朝初兴，天兵暂试，血流川谷，肉厌丘原，黄钺一麾，伏尸万里，马蹄之所及无余地，兵刃之所临无遗民，玉石俱焚，金汤虀粉。幸我真人，应召行在，微言再奏，天意方回，许顺命者不诛，指降城而获免，谕将帅以慭物，勉豪杰以济人。在急者拯以多方，遇俘者出以赀购。婢仆之亡，从道者皆恕；卑贱之役，进善则放良。救人于涂炭之中，夺命于锋镝之下。使悛恶而从善，皆道化之弘敷也。天下之受庇者多矣，亦有不知其然者。

碑文最后说：

李公大师不远而来，命纪真迹之崖略，将刊诸石，以寿其传，亦报本尊师，礼也。义不敢辞，辄从是说，谨斋沐而直书。①

姬志真是盘山栖云真人王志谨在1234年收的徒弟，为七真之一的郝大通的再传弟子，本人没有跟从过丘处机。《成道碑》未署撰写年月，但姬志真讲了，他是奉“李公大师”之命写的。这个“李公大师”不是别人，就是《西游记》述者、被陈时可称为玄通大师的李浩然即李志常，这就为判断碑文的撰写年限提供了线索。李志常在戊戌年（太宗十年，1238）正月接替尹志平为全真掌教，三月朝命加玄门正派嗣法演教真常真人，② 此后教内例以掌教真人、宗师称之。姬志真在戊戌年以后写的文章，也循例称李志常为“嗣教宗师”、③ “掌教真常真人”、④ “掌教大宗师真常真人”。⑤ 这篇《长春真人成道碑》称李志常为“大师”而非掌教真人、宗师，其撰写时间必在1234年至1238年正月之间，上距李志常撰写《西游记》和《行状》

① 《云山集》卷七，载《道藏》(25)，页416上，中，下；另见《全元文》(2)，页108，109。

② 《甘水仙源录》卷三，王鹗《玄门掌教大宗师真常真人道行碑铭》，载《道藏》(19)，页746上；另见《道家金石略》，页579。

③ 《滨都重建太虚观记》，《全元文》(2)，页91。

④ 《无为抱道素德真人夏公道行碑记》，《全元文》(2)，页98。

⑤ 《大朝曲阳县重修真君观碑》，《全元文》(2)，页117。

的戊子年至多不过九年。由此产生一个问题：先前已经有了陈时可撰写的《本行碑》（内含《行状》），为什么又要姬志真撰写《成道碑》？从教门的角度看，丘处机的“本行”不就是“成道”吗？莫非《本行碑》缺了什么，需要增添？比较两碑，立刻可以看出，《本行碑》缺的正是丘处机劝成吉思汗“少杀戮”的故事。显然，撰写新碑的目的就是要添加这段故事，并由这段故事引出对丘处机救人济世功绩的颂扬。

应该指出，这一故事未必始创于《成道碑》。宗教史的经验告诉我们，许多宗教人物的故事在写成文字以前可能先有一个口耳相传的阶段。丘处机“一言止杀”的故事最早大概也是口头宣讲的。元好问在甲午年（太宗六年，1234）六月居聊城时写了一篇《清真观记》，后来收入《遗山先生文集》卷三五，文中说：

> 丘往赴龙庭之召，亿兆之命悬于好生恶死之一言。诚有之，则虽冯瀛王（冯道）之对辽主不是过。[①]

元好问前一年在金汴京经历了崔立之变。由于崔立杀金守臣降

① 见四部丛刊本，页368下；另见《全元文》(1)，页420。

蒙，汴京得免屠城之灾。蒙军入城后虽有杀掠，但死者多为金朝大臣与富民，平民较少遇害，儒释道三教中人又比一般平民受到宽待。[①] 其后元好问被蒙古羁管于聊城。那时《成道碑》未必已立，《清真观记》所述可能得自传闻。元好问当然知道，自己能够存活，全赖蒙古有“顺者不诛，降城获免”政策与崔立的降蒙之举；但他那时肯定不知“降城获免”政策始于何时。对社会上既有的丘处机进言止杀的传闻，元好问将信将疑，故用了“诚有之”三字以示。

由《清真观记》再往前，可以追溯到《庆会录》序文。该序撰于1232年，又早《清真观记》两年。序文说丘处机“止干戈而救物，功成身退”，透露出当时可能已有“一言止杀”故事在流传。这大概是今天能找到的最早的文字记载了。1232年为元太宗四年，所以我说此故事出现于窝阔台时期。

《成道碑》文采奕奕：“微言再奏，天意方回，许顺命者不诛，指降城而获免。”[②] 这样的文句读来非常顺畅。可是，细想一下，这能证明丘处机进言止杀并且取得效果吗？难道此前蒙

① 刘祁《录大梁事》，见《归潜志》卷一一，北京，中华书局，1983年，页121—125；另见《全元文》(2)，页326—327。

② 《云山集》卷七，载《道藏》(25)，页416中；另见《全元文》(2)，页109。

古实行的是顺也诛、降也杀的政策吗？现今了解蒙古征服史的读者想必知道，成吉思汗在进行征服战争时早就制定了“顺者不诛，降城获免”的政策，这一政策在南侵和西征过程中普遍得到执行。例如，1220 年初蒙军占领花剌子模的匝儿讷黑和讷儿两城，两城居民没有反抗，得免屠杀。稍后蒙军抵布哈拉，其外城居民献城投降，未遭屠杀；内城守军拒不投降，城破后男子全被杀害。[①] 又如，同年 3 月成吉思汗在撒马尔罕派者别、速不台往追花剌子模国王摩诃末，他指示两人对所经地区军民“归顺者可予奖励，发给〔保护〕文书，为他们指派长官；流露出不屈服和反抗情绪者一律消灭掉”。者别、速不台在巴里黑、你沙不耳、徒思等所经之地都严格地执行了成吉思汗的指令。波斯史学家拉施特（1247—1318）说：者别、速不台“每到一地，凡出降迎接者获得了赦免；抵抗者全部歼灭”。[②] 这不都是“顺者不诛，降城获免”的实例吗？这些实例都发生在丘处机晋见成吉思汗之前，怎么会是丘处机“微言再奏”的结果呢？

抗者诛、顺者免，是成吉思汗制定的蒙古国策，在汉地和

---

① 《世界征服者史》上册，页 116—123。

② 《史集》第一卷第二分册，余大钧、周建奇译，北京，商务印书馆，1983 年，页 288—291。

西域同样适用，并且为成吉思汗后人所沿袭。宋子贞《耶律公碑》云："国制，凡敌人拒命，矢石一发，则杀无赦。"这与拉施特讲的是同样的意思。1233 年汴京将下之前，还是那个参加西征的速不台，以"此城相抗日久，多杀伤士卒"为由，主张"尽屠"汴京居民。① 与 1220 年在西域的蒙军相比，屠城政策没有任何改变。至多三四年后，姬志真就写了《成道碑》，其中的进言止杀故事，经得起检验吗？

姬志真不了解长春西游情形，《成道碑》是按李志常所言写的，故而姬志真自言"义不敢辞，辄从是说，谨斋沐而直书"。这话固然是谦词，但也表明他是从人之说，对事情的真伪有无概不负责，该负责的是李志常。耐人寻味的是，李志常既欲记本师之"真迹"，为什么自己不署名动笔，而要远道找一个不了解其师的姬志真？我想，原因就在他写的《西游记》早已刊行了。《西游记》非但没有写丘处机进言止杀，相反地却写了丘处机对蒙军暴行的无奈：

十有三日，宣差阿里鲜欲往山东招谕，恳求与门弟子

---

① 《中书令耶律公神道碑》，见《国朝文类》卷五七，页 634 下—635 上；另见《全元文》(1)，页 173。

> 尹志平行。师曰：“天意未许，虽往何益?”阿里鲜再拜曰：“若国王（主）临以大军，生灵必遭杀戮，愿父师一言垂慈。”师良久曰：“虽救之不得，犹愈于坐视其死也。”乃令清和同往，即付招谕书二副。①

这是1223年七月的事，丘处机已从西域返抵云中（今山西大同)。“国王”，别本作“国主”，即木华黎之子孛鲁。阿里鲜请求丘处机师徒帮助他招谕山东未下诸地归降蒙古，以免蒙军攻占后肆意屠杀，其实也是为蒙古节省兵力。丘处机答以“天意未许”、“救之不得”。因为他知道，按成吉思汗旨意，只有“顺者”才可“不诛”，“降城”方能“获免”；倘若招谕不成，他们师徒只好眼睁睁看着蒙军施暴了。所谓“天意”，实指成吉思汗旨意。李志常既然在1228年已经写了1223年“天意未许”，如果在1234年以后再出面写1222年“天意方回”（“方回”即已回，只是时间还不长），岂不招人质疑?

《西游记》、《成道碑》都透露了丘处机在汉地替蒙古招谕劝降的消息。《西游记》还讲到，1223年十一月成吉思汗派人问丘处机：“招谕在下人户得来否?”我们也在弋彀写的尹志平

① 《西游记》卷下，载《道藏》(34)，页495上—中。

碑铭里读到下面一段记述：

> 〔尹志平随丘处机〕还及云中，真人（丘处机）闻山东乱，国兵又南下，曰：“彼方生灵命悬砧鼎，非汝（尹志平）莫能救。”遂遣往招慰，闻者乐附，所全活者甚多。①

这就是尹志平随阿里鲜招谕山东的结果，他们是拿着丘处机的招谕书去的。很明显，如果说丘处机的确起过止杀的作用，主要是他配合了成吉思汗既有的“顺者不诛，降城获免”政策，参预劝降。劝降若成，杀戮自可减少。但是，这算不得历史功绩。因为丘处机不是劝征服者放下屠刀，而是叫受害者放弃反抗，屈当顺民。如果这也算历史功绩，后来由宋降元的吕文焕也应受到表彰。吕文焕降元后多次向宋朝将官现身说法，劝他们举城降元，那也是减少了杀戮的。

自从《成道碑》问世，“一言止杀”故事不再限于口头传播，著文纪之者日渐增多。本文第四节已经征引过秦志安《金莲正宗记·长春丘真人》中的一段，那是1241年已经写成的，

① 《尹宗师碑铭》，载《道藏》(19)，页742中；另见《道家金石略》，页568。

仅晚《成道碑》数载。秦志安提到《庆会录》、《西游记》，但完全不顾两书内容，硬说成吉思汗“每日召见”丘处机，丘处机“即劝之少杀戮”。末了还借别人之口，称说“幸我长春丘仙翁应诏而起，一见而龙颜稍霁，再奏而天意渐回，诏顺命者不诛，许降城而免死，宥驱丁而得赎，放虏口以从良，四百州半获安生，数万里率皆受赐”。[①] 不难看出，这一段话直接取自《成道碑》，仅改动了部分文字。

在秦志安以后，称颂丘处机止杀之功的碑刻，列朝不绝。戊申年（定宗三年，1248）郭起南作《重修□□（磻溪）长春观记》，内称：

> 〔丘处机〕每遇召见，即陈以少杀戮之言。天下余生，实拜更生之赐。转好杀之心为好善之心，此最难能者。[②]

撰于宪宗时期的《重阳成道宫记》云：

> 〔丘处机〕以行仁行孝，寡欲修身，用贤爱民，布德

---

① 《金莲正宗记》卷四，载《道藏》(3)，页 360 上，361 上。

② 《道家金石略》，页 502。

> 施惠，好生恶杀，奉承天心之数语而开导之，上亦听之不疑。想四五十年间而天下之人赖以存活者与脱俘囚者，可胜计耶！①

世祖至元年间俞应卯撰《鄠县秦渡镇重修志道观碑》云：

> 及其长春宗师被诏北庭，而好生之德感动人主，转不杀之机于一言之顷。于斯时也，又何异乎吾孟子告时君“不嗜杀人者能一之”之仁欤！②

有元一代，这样的议论可谓多多，但引《成道碑》原话者，秦志安以后似无一人。长春止杀之说，在全真道徒中已成为不言而喻、不证自明的事，就看用怎样的话语表述了。

七　故事补编：《长春演道主教真人内传》

“一言止杀”故事，到《成道碑》问世并没有编完。仅据《成道碑》，《元史·丘处机传》写不出“明年（庚辰，1220），

① 《道家金石略》，页 527。

② 《甘水仙源录》卷九，载《道藏》(19)，页 796 上；另见《道家金石略》，页 479。

宿留山北，先驰表谢，拳拳以止杀为劝”① 一段话，因为《成道碑》无此内容。从《成道碑》问世到《元史》撰成，一百三十年间，“一言止杀”故事又几经加工增补。一个不可低估的增补者是李道谦（1219—1296）。他是丘处机再传弟子，至元二年（1265）任京兆道门提点，十四年为陕西五路西蜀四川道教提点兼领重阳万寿宫事，算得上全真教头面人物。② 他在至元十八年（1281）写的《全真第五代宗师长春演道主教真人内传》（下简称《内传》）是丘处机第三个碑传，③ 给“一言止杀”故事增补了两个情节。第一个情节是，壬午年（1222）“七月初，师遣阿里鲜奉表谏上止杀赦叛，上悦”。这个情节是《成道碑》没有的，也不见于其他早出的记述。《西游记》虽有壬午七月的记事，但其文作“七月哉生魄，遣阿里鲜奉表诣行宫禀论道日期”，没有“止杀赦叛”之言（顺便说一句，成吉思汗是绝不赦叛的）。这一情节后来辗转进入《元史·丘处机传》，便成为上引庚辰年，“宿留山北，先驰表谢，拳拳以止杀为劝”，时间比壬午年提早两年。据《西游记》，庚辰（1220）

① 《元史》卷二〇二，页4524。

② 宋渤《玄明文靖天乐真人李公道行铭并序》，《道家金石略》，页713—715。

③ 《道家金石略》，页634。

春间丘处机在燕确曾“遣人奉表”，请求“待驾回朝谒”。此表全文见于陶宗仪《南村辍耕录》，[①] 其中没有止杀的谏言。

李道谦增补的第二个情节是下面这场对话：

> 一日，上问曰：“师每言劝朕止杀，何也？”师曰：“天道好生而恶杀。止杀保民，乃合天心。顺天者，天必眷佑，降福我家。况民无常怀，惟德是怀；民无常归，惟仁是归。若为子孙计者，无如布德推恩，依仁由义，自然六合之大业可成，亿兆之洪基可保。”上悦。[②]

在这段对话前面，李道谦抄了《庆会录》近千字；在这段对话之后，又抄《西游记》近千字。他把自己杜撰的这段对话放在中间，写得又煞有其事，如果我们没有看过比《内传》早出的多种记述，会以为李道谦必有所本。然而，《内传》难逃时间检验。它比《本行碑》晚出五十余年，比《成道碑》晚出四十余年，比《金莲正宗记》晚出整四十年。此时所有当年随丘处机西行的人都已不在人间，李道谦能从什么地方搞到新材料

① 《南村辍耕录》卷一〇《丘真人》，北京，中华书局，1959 年，页 120。

② 《内传》，《道家金石略》，页 636。

呢？今天的研究者不能因为《内传》说法新颖或合乎自己的要求，就予以引用，更不能用它顶替《庆会录》。

当然，李道谦是很聪明的，他不像秦志安那样硬说成吉思汗“每日召见”丘处机，而是假借成吉思汗之口说丘处机“每言劝朕止杀”，这就周到多了。而且，《内传》虽然抄了《庆会录》近千字，却完全不引丘处机关于刘豫和林灵素的话，从而为丘处机遮了丑。此外，在金世宗的健康问题上，李道谦还替丘处机圆了一个大谎。李道谦将丘处机的话（见前文第五节页33—34所引）改为：

> 昔金世宗皇帝即位之后，色欲过节，不胜衰惫。每朝会，令二人掖之而行。亦尝请余问养生之道，余如前说。自后身体康强。①

丘处机原来讲的谎言痕迹过露，李道谦给他抹去“即位之十年”、“凡在位三十年升遐”这样明确的字眼，使整段话语含糊不清。经此改动，即使是知道金世宗召见丘处机年月的人，也难指摘丘处机在说谎。

① 《内传》，《道家金石略》，页635。

李道谦是全真道的史家，他在至元八年（1271）编成《七真年谱》，二十五年又成《甘水仙源录》。他不仅会著文编书，还会对别人的文字暗施手脚。本文上节引用过元好问《清真观记》中的一段文字，依据的是《遗山先生文集》本。李道谦的《甘水仙源录》也收了这篇《清真观记》，将该段文字改作：

> 丘公往年召对龙庭，亿兆之命悬于治国保民之一言，虽冯瀛之悟辽主不是过，天下之所以服其教者特以此耳。①

对比《遗山先生文集》，《甘水仙源录》在“丘”字下添了“公”字（通篇都添了），“好生恶死”改为“治国保民”，“诚有之”三字删掉了，接着添加“天下之所以服其教者特以此耳”一十三字。这样一改，元好问对“止杀”故事的将信将疑变成了确信无疑，李道谦硬是把自己的话塞进了元好问的文章。幸有《遗山先生文集》在，我们才得免上李道谦的当。

李道谦在《甘水仙源录》自序中说：

> 道谦爰从弱冠，寓迹于终南刘蒋之祖庭，迄今甫五十

① 《甘水仙源录》卷九，载《道藏》(19)，页 798 上。

> 载。每因教事，历览多方，所在福地名山，仙宫道观，竖立各师真之道行及建作胜缘之碑铭者，往往多鸿儒巨笔。所作之文，虽荆金赵璧，未易轻比。道谦既经所见，随即纪录，集为一书，目之曰《甘水仙源录》，锓梓以传。①

《甘水仙源录》至今常为研究者引用，鉴于它对《清真观记》的篡改，实在应该谨慎用之。

八　余论

丘处机是全真道转型期的代表人物。在丘处机活动早期，全真道是一个民间宗教团体；在他活动后期，全真道已确立它的官方宗教地位。丘处机在全真道的转型中起了关键作用，他把早期全真教清净无为的教旨更改净尽。尹志平说，马钰掌教时期“以无为主教”，到刘处玄时已“无为有为相半”，丘处机则是“有为十之九，无为虽有其一，犹存而勿用焉”。② 所谓“有为”，并非仅指创观收徒，其全面的含义是积极扩大社会影响，特别是致力于提高教门的政治地位。丘处机在金世宗大定

① 见《道藏》(19)，页 722 上一中；另见《全元文》(3)，页 467。
② 《清和真人北游语录》卷二，载《道藏》(33)，页 166 下。

二十八年（1188）奉召入中都，受到朝廷礼遇。宣宗贞祐二年（1214），他帮助金朝平定山东杨安儿反叛，可说是已经直接参与政治了。他在西行前对蒙古军队的暴行早有了解，西行途中经撒马尔罕等地，又目睹河中战后惨象，但仍以晋谒成吉思汗为荣，反映出他对汉地局势的估计，他要依托军事上的强者弘扬本教。陈铭珪在《长春道教源流》中引丘处机诗多首，以证明“其悲悯之怀随处流露”，其中一首《阳九百六诗》云：“劫运天灾不可当，高真上圣救无方。直须受尽丰年孽，再得升平入道场。”① 依我看，这首诗以及一些别的诗都透着一股宗教上层人士对民众苦难的冷漠，丘处机真正关心的是这场“劫运”给教门带来的发展机会。过去和现在都有人引他西行中写的“十年兵火万民愁，千万中无一二留。去岁幸逢慈诏下，今春须合冒寒游。不辞岭北三千里，仍念山东二百州。穷急漏诛残喘在，早教身命得消忧”诗，② 以为这表明他欲救万民于水火。我们已从《庆会录》看到，他的救民方案就是在山东、河北建立一个由蒙古操控的刘豫式傀儡政权。我这样讲并非苛求丘处机拿出一个可行的救民办法，而是说我们不可仅仅

① 《长春道教源流》卷二，叶4A；另见续修本，页349上。

② 《西游记》卷上，载《道藏》(34)，页483下。

根据一个人的若干诗文就来判断他对民众的态度，应该看他实际做了些什么。对一个能文会诗的教门头面人物来说，写几句以济世救人为已任的诗毫无难处，他们平常就是以此说教的。

丘处机在西域确实受到成吉思汗礼遇。对全真道来说，丘处机西行是取得成果的。成吉思汗给他们以免服差役的特权，全真道得以大行其道。但这并不意味成吉思汗对全真道情有独钟。在成吉思汗眼中，丘处机无非是一个懂得养生之道、能够替他告天祝寿的宗教领袖，地位比珊蛮巫师高些而已。就在丘处机离开西域的1223年，成吉思汗在布哈拉接见了伊斯兰教的法官和宣教师，听他们讲了伊斯兰教的要义和条规，也深表赞许，只对去麦加朝圣一事不以为然。成吉思汗认为全世界都是上帝所有，在任何地方都能向上帝祈祷，不必限于麦加一地。在撒马尔罕，成吉思汗同意伊斯兰教徒恢复公共祈祷，并接受法官教长的请求，豁免他们的赋役。① 在宗教方面，成吉思汗总是采取兼容并包的方针。丘处机究竟被成吉思汗重视到什么程度，只有放在这样的总背景下才能看清楚。

---

① 《多桑蒙古史》上册，冯承钧译，北京，中华书局，1962年，页130。

我不否认丘处机师徒们有过一些止杀行为。他们的止杀行为大致有三类。一是配合蒙古“顺者不诛，降城获免”的政策，协助蒙古劝降。二是利用成吉思汗对宗教的宽容和对丘处机的优遇，接纳一些难民为道徒，使他们免遭杀害，同时扩大了教门。此即元人说的“至有囚俘亡命，辄缁其冠而羽其衣者，一无所间”。[①] 三是如李志常（即李浩然）写的《行状》所述，“凡将帅来谒，必方便劝以不杀人”。[②] 因为有这些行为，丘处机及其教门给当时和后世留下了救生止杀的印象。但这些行为同“一言止杀”是完全不同的两回事。

“一言止杀”故事是丘处机去世后全真道进一步发展的产物。其时全真道与蒙古朝廷关系更加密切，教门领导人的私欲也随之膨胀，他们要借抬高父师来抬高自己，于是造出丘处机建言止杀的故事。但是，在窝阔台时期战争仍在进行，屠戮时有发生，漫无边际地夸说止杀功效很容易被人识破，所以只说到“顺者不诛，降城获免”为止。李志常等巧妙地把自己虚构的故事嫁接在蒙古实有的政策上，使人难辨真伪。先前他们配合蒙古劝降，要汉地民众甘当顺民，现在又谎言蒙古对顺者、

① 郦居敬《栾城县太极观记》，《道家金石略》，页599。

② 《长春道教源流》卷三，叶6A—B；另见续修本，页369上。

降城的政策是他们的父师奏请来的，要民众对他们感恩戴德。他们就是这样愚弄民众的。

李志常、姬志真的具体说法，起初还有人（如秦志安）照引，后来未见有人重复。人们但知丘处机止杀有功，却讲不出止杀的具体事例，因为那是要用成吉思汗的行动来证实的，比编造丘处机如何进言难多了。那个时代人云亦云者多，在全真道内部更不会有人对丘祖的功绩刨根问底。到了晚清，陈铭珪在当时学风影响下，看出了问题。他在承认并力图解释《西游记》不载长春止杀之言的同时，想到要举出成吉思汗闻言止杀的实例。他举出的实例便是 1224 年成吉思汗离西域东返。他说：“当时太祖班师，实因长春劝以止杀使然。”① 陈铭珪不知，东返的时间是成吉思汗早已计划好的，与丘处机无关。据拉施特记述，1220 年夏季成吉思汗攻下撒马尔罕，随即派大将者别、速不台带兵往西追击花剌子模国王。成吉思汗吩咐两人：“按照〔我的〕命令，你们可在三年内结束战事，通过钦察草原回到我们的老家蒙古斯坦来，因为照〔过去的情形〕看来，我们大概能如期完全结束伊朗地区的战争，凯旋归来。”事情果如成吉思汗所期，三年以后即 1223 年冬，成吉思汗与者别、

① 《长春道教源流》卷二，叶 34B；另见续修本，页 364 上。

速不台在锡尔河畔会合，次年开春启程东归。拉施特还补充说：“唐兀惕（西夏）居民作乱消息的传来，是成吉思汗急于回去的原因。”[①] 陈铭珪那个时候看不到《史集》，他不知晓这段历史不足为怪，重要的是他想到了应该举出实例来证明成吉思汗止杀。

迄今为止，我见到的对丘处机评价最高的现代人著作，当推《全真七子与齐鲁文化》。该书页 29 上有这样一段话：

> 长春用博厚的仁爱之心去化解成吉思汗的杀戮之气，并确有成效。……尔后成吉思汗确实收敛了杀心，减少了军事行动中屠戮平民的行为。成吉思汗用军事的力量征服了西域，而长春大师又用道德的力量征服了成吉思汗，谁更伟大呢？

我读了这段话以后的第一个反应，便是在该书中查找成吉思汗减少屠戮的实例，结果是一例未见。这样，我们又从陈铭珪那里返回到把成吉思汗止杀当作不言而喻、不证自明的公理的元代。但是，如果看一下成吉思汗东归后的军事行动，便会确

① 《史集》第一卷第二分册，页 288，310。

信，成吉思汗根本没有收敛杀心。他在休整了一年以后又出现在别国的领土上，只是不在西域，而是在西夏和金国。1226 年春间，成吉思汗亲率蒙军大举攻夏。他攻占黑水城，连下沙、肃、甘、凉诸州。成吉思汗恨肃州军民久抗不降，攻克后下令屠城，仅一百零六户得免于难。① 十一月，破灵州，进围西夏都城中兴府。1227 年春，成吉思汗料定中兴府指日可下，留部分军队继续围攻，自己率大军进入金境，破临洮府及洮、河、西宁三州，又拔信都府、德顺州。六月，继续南进。七月，成吉思汗病逝于秦州清水。临终遗言特别嘱咐，中兴府出降之日须将西夏国主与城中居民全部杀尽。② 这就是成吉思汗最后两年的军事活动，他在何时何处表现出长春“仁爱之心”对他的“化解”呢？

最令我不解的是，《全真七子与齐鲁文化》的作者竟然提出丘处机与成吉思汗谁更伟大的问题。在一部学术著作中提出这样的问题，简直叫人惊讶莫名。它使我想起鲁迅关于成吉思汗的一段议论。1934 年，鲁迅在一篇文章中说：

① 《元史》卷一二二《昔里钤部传》，页 3011。
② 《史集》第一卷第二分册，页 353。

幼小时候，我知道中国在“盘古氏开辟天地”之后，有三皇五帝，……宋朝，元朝，明朝，“我大清”。到二十岁，又听说“我们”的成吉思汗征服欧洲，是“我们”最阔气的时代。到二十五岁，才知道所谓这“我们”最阔气的时代，其实是蒙古人征服了中国，我们做了奴才。直到今年八月里，因为要查一点故事，翻了三部蒙古史，这才明白蒙古人的征服“斡罗思”，侵入匈、奥，还在征服全中国之前，那时的成吉思还不是我们的汗，倒是俄人被奴的资格比我们老，应该他们说“我们的成吉思汗征服中国，是我们最阔气的时代”的。

我久不看现行的历史教科书了，不知道里面怎么说；但在报章杂志上，却有时还看见以成吉思汗自豪的文章。事情早已过去了，原没有什么大关系，但也许正有着大关系，而且无论如何，总是说些真实的好。①

鲁迅这番话是针对当时有些文章讲的，那些文章的作者搞不清历史的基本情况，受中国旧文化中的精神胜利法的影响，以成

① 《随便翻翻》，《鲁迅全集》第6卷《且介亭杂文》，北京，人民文学出版社，1987年，页138。

吉思汗对他国的征服自豪，殊不知自己的祖先也是被成吉思汗及其后裔征服过的。鲁迅的话可能使有的作者很丧气。但是，鲁迅讲了，“无论如何，总是说些真实的好”。

从1934年到现在，七十年过去了。如今在弘扬传统文化的大旗下，不时仍可看到旧文化的负面影响。就拿成吉思汗时代的西域和汉地的情况来说，两边同样是被征服的，为什么在讲丘处机的伟大时单说成吉思汗用武力征服了西域，不说成吉思汗用武力征服了汉地山东呢？须知丘处机是山东人，要不是成吉思汗先征服了山东，丘处机是不会有机会奉召去西域的。既然《全真七子》作者有意宣扬丘处机伟大，何不把书中那段话改成“成吉思汗用军事的力量征服了山东，山东的长春大师又用道德的力量征服了成吉思汗”。这样改的好处是让我国读者对这段历史看得明白一些，对西域人民也公平一些，免得人家说我们只顾拿别人被征服的历史来衬托丘处机的伟大，忘了自己的历史。

历史学是一门重实证的学科，议论历史必须以真凭实据为证。“一言止杀”故事可以分解为相互依存的两个方面：一是丘处机进言止杀，二是成吉思汗听其言而止杀。主张“一言止杀”实有其事的学者理应对这两个方面均予举证，规避举证不是解决问题的办法。丘处机是八百年前的人，他的事情虽然早已过去，看来同今天还有点关系。所以，套用一句鲁迅的话，我们总是说些真实的好。

2006年10月脱稿于温哥华

（本文原载《中华文史论丛》2007年第1期）

早期全真道与方技的关系及其他

这篇文章主要探讨早期全真道与方技的关系，并由此论及其他相关问题。所谓早期，指王重阳和他的弟子创教掌教时期，首尾六十余年。

公元 1227 年，丘处机因病去世，标志着全真道早期历史的终结。此前一年，金皇室成员完颜璹撰《终南山神仙重阳子王真人全真教祖碑》（下简称《教祖碑》），[①] 称全真道是“老子无为真常之道”。此后一年，原成吉思汗近臣耶律楚材写《西游录》自序，贬全真为“老氏之邪”。[②] 双方对全真道的看法完全不同，原因之一便是对全真道利用方技传教持不同的立场。《教祖碑》炫耀王重阳师徒“神通应物”、“亟显神异”，全真教徒自己把这些神异的手段概称为方技。《西游录》作者则嘲笑全真道头头们玩弄的“出神入梦”等把戏，对他们的神异

① 见陈垣《道家金石略》，北京，文物出版社，1988 年，页 450—453。
② 《西游录·序》，北京，中华书局，1981 年，页 1。

全不置信。但是，双方立场虽异，却共同证明了一个基本的事实，即早期全真道的确利用方技作为传教的重要手段。现代研究全真道历史的学者对这个基本事实往往不够重视，甚至有意回避，以致影响到对早期全真道的全面认识。我写这篇文章，主要是想弥补这方面研究的不足。

全真史料庞杂，内容真伪杂陈。我在工作前期，对史料的筛选和考订花了许多时间，及至动手写作，很想把自己的考订依据提供给读者审核。由于通常的论文体裁很难把这些考订文字组织进去，便决定兼采札记的形式。全文共十二章，前九章解读史料，每章着重解读一篇，均以方技问题为核心。后三章解读近现代人著作，牵涉问题较广，但未撇开方技问题。

我于全真道研究本属外行，只因读今人研究全真的著作，每每感到所论与金元史事不合，方始鼓起勇气，涉足其间。前几年两次作文论丘处机“一言止杀”之伪，[①] 今谈早期全真之与方技，虽事关紧要，仍不足以突破全真研究之一隅。幸大方之家有以教我。

---

① 《丘处机“一言止杀”辨伪》，《揖芬集》，北京，社会科学文献出版社，2002年，页523—532；《丘处机“一言止杀”再辨伪》，《中华文史论丛》2007年第1期，页283—326。

一 “亟显神异，东人毕从”——读完颜璹《教祖碑》

金世宗大定十年（1170）正月，全真教创始人王重阳病逝于汴京（今河南开封）。在他身后半个世纪里，未见有人给他树立碑传。他的七大弟子虽然都有诗文传世，却没有一人为他们的父师写一篇传记。直到金哀宗正大三年（1226），才有完颜璹写的《教祖碑》问世，距王重阳去世已经五十六年。

完颜璹（1172—1232），号樗轩居士。他的生平事迹见于元好问写的《如庵诗文叙》。[①] 刘祁《归潜志》也有他的小传。[②] 他是金世宗之孙，越王允常之子。宣宗（1213—1223 年在位）时封胙国公，哀宗正大初（约 1224 年）进封密国公。他工书，能诗，有诗集五卷，题《如庵小稿》。国公的身份使他常常参预由道教宫观奉办的国家祭典，交结了一些道教人士。元好问说：

> 旧制，国公祭山陵，则佩虎符，乘传，号曰严祭。若上清储祥宫，若太乙宫、五岳观设醮，上方相蓝大道场，

① 《全元文》(1)，南京，江苏古籍出版社，1997 年，页 302—304。

② 《归潜志》卷一，北京，中华书局，1983 年，页 4—5。

则国公代行香，公（璹）多预焉。[1]

《教祖碑》就是应全真道徒之请写的。碑文称：

后先生（王重阳）五十六年，嗣法孙汴京嘉祥观提点真常子李志源、中太一宫提点洞真子于善庆二大士，真实道行，弘扬祖道者也，殷勤求文于玉阳子友人樗轩居士，居士援笔而为之铭。[2]

这里讲的玉阳子，即“七真”之一的王玉阳王处一。但可断言，撰碑之事与王玉阳无关，因为王玉阳在九年前即宣宗兴定元年（1217）已离开人世。此刻“七真”之中尚在人间的仅剩丘处机一人，而他正身处与金敌对的大蒙古国境内，享受着成吉思汗赐给他的神仙待遇。《教祖碑》提到丘处机，但没有讲他参预了撰碑的策划。

那么，出面请完颜璹执笔的李志源、于善庆是怎样的人呢？

① 《如庵诗文叙》，《全元文》(1)，页303。
② 见《道家金石略》，页452。

关于李志源，李道谦编的《甘水仙源录》收有一篇张邦直写的《真常子李真人碑铭》，此“真常子”即李志源。他是德兴（今河北涿鹿）人，生于金海陵王天德三年（1151），长完颜璹二十一岁，仅比“七真”中的刘处玄、丘处机小三四岁。但他入道较晚，张邦直说：“真人（李志源）之时，马（钰）已谢世，而丘（处机）、刘（处玄）、王（处一）、郝（大通）尚无恙，真人历扣四君，见者皆以为可教。”① 马钰去世比王重阳晚十三年，李志源问道还在马钰去世之后，故而他不可能接触过王重阳。

《甘水仙源录》也收了于善庆的碑传，题为《汧阳玉清万寿宫洞真真人于先生碑并序》，② 撰者名杨奂。据碑文，于善庆生于大定六年（1166），十七岁从马钰出家，次年马钰去世，转投丘处机，后又参谒谭处端、王处一、刘处玄。泰和三年（1203），经陇州州将保荐，获赐冲虚大师称号。正大二年（1225），应李志源邀，领中太乙宫事。于善庆自然也没有见过王重阳。

《教祖碑》就是在王重阳去世半个世纪以后，由三个未尝

---

① 见《道家金石略》，页467。

② 同上书，页508。

亲炙王重阳的人共同制作的。完颜璹是执笔人，提供素材的应该是李志源、于善庆。碑文写得相当粗疏，表述含糊不清，叙事颠倒失序，读者从中得不到多少王重阳的真情实况。以它讲王重阳两易其名的事为例，它先说重阳“名喆，字知明”，继说重阳应武举时“易名德威，字世雄”，再说重阳入道后“改今之名字矣”。[①] 依据这样的叙述，人们怎么弄得清“名喆，字知明”是“易名德威，字世雄”之前的名字，还是最后的“今之名字”呢？再看一段碑文写的王重阳的经历：先说“圣朝天眷年间收复陕西，英豪获用，先生于是捐文场，应武举”，然后说“会废齐摄事，……时有群寇劫先生家财一空”。可是，我们知道，“废齐摄事”是1130年至1137年的事，天眷则是金熙宗在1138年至1140年用的年号，“废齐摄事”在前，天眷建元在后，进入天眷以后怎么还能“会（请读者注意这个“会”字）废齐摄事”呢？此外，碑文还有一个不应有的缺失：它竟没有记载传主生于何年或阳寿几何，而传主的生年从来是构成一篇传记的要素之一，除非它已不为人知。

据元好问说，完颜璹是饱读乙部书的，他“于书无所不读，而以《资治通鉴》为专门，驰骋上下千有三百余年之事，

① 《教祖碑》，《道家金石略》，页450，451。

其善恶是非、得失成败，道之如目前。穿贯他书，考证同异，虽老于史学者不加详也”。[①] 完颜璹既然有这样的史学素养，《教祖碑》怎么会出现上述那些问题呢？是疏忽所致么？不像，因为碑文写成以后必定经李志源、于善庆过目，不至于三人都疏忽。究竟是什么原因呢，很难说。不过，这个问题不予探索也罢，它不是本文关注的话题。我们关注的是碑文竭力宣扬的王重阳师徒“神通应物”故事。

《教祖碑》三千余字，其中讲述了十多个令人无法置信的神话故事。按照碑文，王重阳在娘胎里就不是凡人，“仙母孕二十四月又十八日生”，是世人孕育期的一倍多。四十八岁以后屡次遇仙（“异人”）。五十六岁进入山东，更是神通倍增。他能“绝水火”，“或食或不食”，“出神入梦”，随意出入“门户扃闭”人家。他洗脸剩下的水能治人风疾。山上巨石飞落，经他一喝而止。他分身有术，能预言未来。凡此种种，信其真者自然尊之为神通，像我这样的不信者只能目之为方技或方术。《教祖碑》不仅讲了王重阳，也讲了马钰、王玉阳施展神通的事例。它还用八个字总结了王重阳等神通应物的群众效

① 《如庵诗文叙》，《全元文》(1)，页 303。

应：“亟显神异，东人毕从。”① 李志源等确信，王重阳等在山东传教取得的成果，是同他们显示的神异不可分的。

然而，自清以来，一直有人以为，《教祖碑》和其他全真史料中记载的这样一些神异事迹，都是后世全真道徒如李志源、于善庆等编造的，旨在神化他们的教祖和父师，非王重阳师徒本人所为。这种说法遭到《长春道教源流》撰者陈铭珪的驳斥。陈铭珪举《教祖碑》中的“掷伞”故事为例。《教祖碑》说：

> 又于宁海途中，先生（王重阳）掷油伞于空，伞乘风而起，至查山王处一庵，其伞始坠，至掷处已二百余里也。其伞柄内有伞阳子号。王自髫龀间尝遇玄庭宫主空中警化，今呼云玉阳子是也。②

陈铭珪指出，这个故事在丘处机《磻溪集》中也有叙述。《磻溪集》作：

① 以上分见《道家金石略》，页 450，451，452。
② 同上书，页 452。

> 大定己丑夏四月，余与丹阳等数人从重阳师自文登如宁海，时迈龙泉，日气稍炽。师令余等前，己执伞在后，距半里许。余忽回顾，见伞腾空而起，余急返走问之。云：抟扶摇而上，不知其然而然。初，伞起东北，望之冉冉，坠于沙间，指其方面觅之，了无所也。时余法眷伞阳子王公隐于东海隅之查山，山到文登一百一十里，文登到伞起处又七十里。伞起乃辰时，及晡，堕伞阳公庵前，柄内伞阳子道号往赐之焉。……伞自后查山下翟公家藏之，本宁海范明叔家借用者，范后知，往取之，而弗肯予。①

因此，陈铭珪说："志源、善庆皆长春弟子，所陈事实当得之长春，不尽诬也。"② 不错，丘处机的话的确可以证明李志源、于善庆所记来自其师，非他们自己编造。但是，丘处机的话并不能证明"掷伞"之事真有，只能说明此事是王重阳、丘处机、王处一师徒三人共同编造的，非王重阳一人所为。陈铭珪是虔诚的全真道徒、丘处机的崇拜者，他是相信王重阳等确有

① 《磻溪集》卷三《度世吟》，载《丘处机集》，济南，齐鲁书社，2005年，页39；参见《道藏》(25)，文物出版社、上海书店、天津古籍出版社影印，1988年，页822中。

② 《长春道教源流》卷一，《续修四库全书》，1295册，上海古籍出版社，2002年，页335下。

神通的，本文第十章将专讲陈铭珪。

《教祖碑》中像“掷伞”这样的事例，还可以举出一二。例如，《教祖碑》说，马钰未见王重阳之前“先梦南园仙鹤飞翥，未几先生（王重阳）至。马公信犹未笃，先生于鹤起处筑全真庵”。又说，马钰“梦随先生入山，及旦，先生便呼马公曰山侗”。[①] 这两则故事都是马钰本人讲过的。马钰说：

> 重阳真人欲往宁海，……钰预梦南园一仙鹤从地涌出。经月，有重阳师父到来，指鹤起处要修庵居。钰又梦参从师父入一山，翌日，师父训钰小字山侗。[②]

可见这两则故事均非李志源、于善庆编造。同时可以看出，马钰也是制造神话的参预者。

全真道是宗教，其创始人为自己制造神异之迹，不足为怪。神异之迹不可信，但神异之迹能赢得群众的信仰，却是可信的。“亟显神异，东人毕从”。——《教祖碑》讲的是实情。

---

① 《道家金石略》，页 451。

② 《洞玄金玉集》卷一《赠史处厚》序，载《马钰集》，济南，齐鲁书社，2005 年，页 2；又见《道藏》(25)，页 560 上。

二 “老氏之邪”——读耶律楚材《西游录》

《教祖碑》撰于1226年，次年成吉思汗与丘处机同在七月去世，仅隔半年就出现了一本猛烈抨击丘处机与全真道的小书，这就是耶律楚材写的《西游录》。

耶律楚材（1190—1244）是蒙元史上有名的人物。他是契丹族人，早先在金为官，1215年转投蒙古，后被成吉思汗看中，“处之左右，以备咨访”。1219年扈从成吉思汗西征，“用公（楚材）日密”。[①] 1220年三月丘处机西行之初，曾在燕京上表陈情，请求推迟行期，当时奉成吉思汗之命草诏要处机速至西域的就是耶律楚材。处机抵西域，楚材自称“以宾主礼待之”，[②] 其实是奉命接待。1222年十月丘处机对成吉思汗讲道，耶律楚材在场记录并整理成文，这就是后来流传于世的《玄风庆会录》。[③] 这年处机七十四岁，楚材三十二岁，年龄的悬殊似乎没有妨碍他们交往，两人常常联句和诗。处机东归后，两人仍有书简往还。楚材崇儒、释，尊老子，但藐视全真道。最后

---

① 宋子贞《中书令耶律公神道碑》，《全元文》（1），页170。下简称《神道碑》。

② 《西游录》，页14。

③ 关于《玄风庆会录》，参看拙文《丘处机“一言止杀”再辨伪》，《中华文史论丛》2007年第1期，页292—310。

这一点他在丘处机面前一直深藏不露，直到处机去世，楚材方公开自己对全真道与丘处机的不满，宣泄于《西游录》中。

《西游录》约六千字，分上、下二卷。上卷不足二千字，简述作者本人随成吉思汗西征的沿途见闻。下卷近四千字，集中讲作者对丘处机的认知过程，猛烈抨击丘处机。楚材说：“予不许丘公之事，凡有十焉。”下面是楚材讲的十事，值得认真一读：

> 初进见，诏询其甲子，伪云不知。安有明哲之士不知甲子者乎？此其一也。对上以徽宗梦游神霄之事，此其二也。自谓出神入梦为彼宗之极理，此其三也。又云圣贤提真性遨游异域，自爱梦境，此其四也。不识鲁直赞意，此其五也。西穷昧谷，梵僧或修善之士皆免赋役。丘公之燕，独请蠲道人差役，言不及僧。上虽许免役，仍令诏出之后不得再度。渠辄违诏，广度徒众。此其六也。又进表乞符印，自出师号，私给观额，古昔未有之事辄欲施行。此其七也。又道徒以驰驿故，告给牌符。王道人者驺从数十人，悬牌驰骋于诸州，欲通管僧尼。丘公又欲追摄海山玄老，妄加毁坼，此其八也。又天城毁夫子庙为道观，及毁坼佛像，夺种田圃，改寺院为庵观者甚多。以景州毁像

夺寺事致书于从乐居士，润过饰非，天地所不容。此其九也。又顺世之际，据厕而终，其徒饰辞，以为祈福。此其十也。[1]

此十项事大致可以分为几类：其前四项关涉方技，第六、八、九项属僧、道利益之争，第五、七两项可以单看，第十项是丘处机身后事，实在不该列入。本文主要谈方技，只讲前四项。

第一项是说丘处机的年龄问题，耶律楚材指责丘处机说了谎。20世纪五十年代，台湾大学教授姚从吾（1894—1970）为丘处机辩解说："邱公志在得君行道；刘仲禄既荐举他，说他三百岁了，刘自当关照长春。既承问及甲子，则长春亦只有含糊其辞而已。他怎能明指刘仲禄的不对呢！"[2] 从单一的角度看，姚从吾的辩解不为无理，但这样一来，伪造年龄的责任便全都落在刘仲禄身上，是刘仲禄设局骗了成吉思汗，丘处机只是被动配合而已。可是，如果真是这样，刘仲禄在设局之初就必须确信丘处机一定会配合，刘仲禄根据什么呢？看来刘仲禄看准了丘处机既非神仙，亦非圣贤，仅仅是个方士，因为方士

① 《西游录》，页15—16。

② 《东北史论丛》（下册），台北，台湾正中书局，1959年，页267。

的特质之一就是善于弄虚作假，随机应变。我这样讲，也许会引起尊崇丘处机的学者们的反对。但我是有事实根据的，我曾在《丘处机“一言止杀”再辨伪》一文中举出过一些事例，本文还会增加一些事例。

十“不许”的第二、三、四项都含一个“梦”字，不妨称它们为“梦”的一组，放在一起来评论。首先要看到，《西游录》在讲十“不许”之前，已经讲过这三个不许的内容了。它先说：

> 壬午之冬十月，上召丘公以问长生之道。所对皆平平之语言及精神气之事。又举林灵素梦中絜宋徽宗游神霄宫等语。此丘公传道之极致也。[1]

又说：

> 丘公尝举渠师王害风出神入梦为毕竟事。又举渠之法兄马公常云，屡蒙圣贤提将真性遨游异域。又云，禅家恶梦境，岂知福力薄劣者，好梦不能致也。此为彼宗之深谈

① 《西游录》，页 14。

也。识者闻之，未尝不绝倒也。[1]

在耶律楚材看来，无论是丘处机传道之"极致"，还是全真道教理之"深谈"，这类关于梦的说法都是荒诞不可信的，只能引人发笑。

对这三项"不许"，姚从吾也是合在一块评论的。他认为："第二至第四，是儒与道看法的不同，不容易说谁对谁不对。"[2] 这就奇怪了，20 世纪研究全真道的学者为甚么要采取非道即儒的立场呢？难道我们就不能根据自己对梦的认知来判断丘处机关于梦的说法对还是不对吗？同样令人不解的是，近年由牟钟鉴教授主编的《全真七子与齐鲁文化》一书竟然赞同姚从吾的说法，只是改"儒与道看法的不同"为"佛道之异"。[3] 可是，无论是说儒道之异，还是说佛道之异，都是没有根据的。因为耶律楚材对丘处机关于梦的说法除了加以嘲笑，表示不许，并没有阐述自己关于梦的观点，我们凭甚么断定他关于梦的观点是属于儒的还是属于佛的？也因为耶律楚材没有阐述自己关于梦的观点，今天的学者仅需讨论丘处机的说法对还是不对，可

① 《西游录》，页 15。
② 《东北史论丛》（下册），页 267。
③ 《全真七子与齐鲁文化》，济南，齐鲁书社，2005 年，页 298。

信或不可信，完全没有必要把问题扯到儒道或佛道关于梦的观点的异同上去。反正丘处机在这个问题上的对或不对，不取决于耶律楚材在同一问题上的错或不错。除非我们赞同丘处机的说法，需要表明反对耶律楚材对丘处机的嘲讽与不许。

举十“不许”中的第二项为例吧，我们能够相信宋徽宗梦游神霄宫实有其事吗？此事丘处机是怎样对成吉思汗讲的，《玄风庆会录》有更详细的记述。丘处机说：

> 昔宋上皇本天人也，有神仙林灵素者挈之神游上天，入所居宫，题其额曰“神霄”。不饥不渴，不寒不暑，逍遥无事，快乐自在，欲久居之，无复往人间之意。林灵素劝之曰：“陛下天命人世，有天子功限未毕，岂得居此？”遂下人间。自后女真国兴，太祖皇帝之将娄失虏上皇北归，久而老终于上京。由是知上天之乐何啻万倍人间！①

宋徽宗与林灵素，一个是佞道昏君，一个是道门骗子。他们狼狈为奸，祸国殃民，在政和、宣和之际（1118 年前后）合演了中国政治史和道教史上丑恶的一幕。他们谎称徽宗是天上神霄

---

① 《全元文》(1)，页 269。

玉清王下降人间，林灵素和大臣蔡京、童贯等亦来自神霄府，命全国州府广建神霄宫，耗费了大量财力、物力，加速了北宋政权的灭亡。金、元有识之士多有谴责宋徽宗、林灵素罪行的。就在《西游录》问世后五年（1233），元好问撰《紫微观记》，讲到五代道士杜光庭（850—933）在西蜀大搞神仙官府，“虚荒诞幻，莫可致诘”，接着便说：“二三百年之间，至宣政之季，而其敝极。”① 元好问的看法在南宋和金、元时期是许多人的共识。元代中叶，理学家吴澄（1249—1333）直指宋徽宗、林灵素“乃前代亡国君臣”。② 从丘处机说的话来看，他对徽宗大搞神霄宫的惨重后果是知道的，但他仍尊徽宗为天人，林灵素为神仙，美化他们虚构的梦游天宫故事，把他们的秽行作为道教的光荣与神奇来夸说，实际上是把林灵素看作全真道的前辈、先行者。受丘处机的影响，后世的全真道徒对林灵素也作如是观。1241年丘处机再传弟子秦志安撰《金莲正宗记序》，尊林灵素为“天师”，称说“及正（政）和之后，林天师屡出神变，天子信向，法教方兴”。③ 如果说，全真道鼓吹的

① 《全元文》(1)，页415—416。该文写作年份原有误，兹据陈垣考证改正，见《道家金石略》，页475注①。

② 《复崇仁申县尹书》，《全元文》(14)，页34。

③ 《道藏》(3)，页343下。

“出神入梦”因为是道教的说法，今人不好说对与不对，那么林灵素的梦游神霄，今人是否也不好说对与不对呢？难道全真道的出神入梦与林灵素的梦游神霄有本质的区别吗？

在早期全真道施用的各种方技中，“出神入梦”也许是用得最多的一种。不仅王重阳、马钰屡屡用之，在谭处端、王处一、郝大通的碑铭中也分别有“施梦中之药”、[①] “出神入梦”、[②] “夜入王镇国之梦”[③] 的记述。古代的中国人历来多信梦境能预示未来。在各类方技中，借梦说事大概是最方便最省力的，只要两个说梦的人串通一气，别人便难戳破，甚至一个人也能以梦诳人。所以王重阳以“出神入梦”为“毕竟事”，丘处机称“出神入梦”为“极理”，他们都以“出神入梦”为终极事理或最高事理。

不过，我还没有找到丘处机本人出神入梦的记载。这很可能是因为梦境是睡眠的产物，而丘处机据说是为了炼阴魔而不睡觉的。金泰和六年（1206），当五十九岁的丘处机尚在登州栖霞太虚观的时候，有人为他的《磻溪集》写序，就说他“不

---

① 完颜璹《长真子谭真人仙迹碑铭》，《道家金石略》，页454。

② 姚燧《玉阳体玄广度真人王宗师道行碑并序》，《道家金石略》，页718。

③ 徐琰《广宁通玄太古真人郝宗师道行碑》，《道家金石略》，页673。

寐者余四十载”,[①] 也就是说，他自从追随王重阳以后一直没有睡过觉。这话想必会随着《磻溪集》的传播而进一步扩散。一个人有了不睡的名声，自然不宜再搞“出神入梦”。也因为有了不睡的名声，这个人不被别人视作神仙，定被别人目为方士。刘仲禄大概就是这样看中并荐举丘处机的。

《西游录》的正文讲了对丘处机的十“不许”，没有明言全真是“老氏之邪”。“老氏之邪”是耶律楚材在书的序言中提出来的，同时被他列为“老氏之邪”的，还有大道、太乙等教派。[②] 早期全真道依仗方技，肯定是耶律楚材指全真为邪的原因之一，但不是惟一的原因，这从十“不许”的内容就能够看出来。全真是否为“老氏之邪”，不仅要看全真的全面表现，也还要弄清楚耶律楚材所说的“老氏”是何涵义。如果耶律楚材说的“老氏”是指纯粹的由《道德经》所表达的老子学说，那么全真即使算不上“老氏之邪”，也成不了老子之正；非但全真成不了老子之正，历史上一切道教流派都成不了。因为《道德经》表达的仅是一种哲学思想，仅据某种哲学思想是创建不了宗教的。思想只是宗教的内在因素，一个成型的宗教还

① 《磻溪集·移剌霖序》,《丘处机集》，页 3；又见《道藏》(25)，页 809 下。

② 《西游录·序》，页 1。

必须具备宗教的活动和组织，它们是宗教的外在因素，并非内在因素的派生物。作为道教尊神的老子，并非写《道德经》的那个老子，而是被改塑、被神化了的老子。道教的老子具有广阔无比的包容性，他能包容的东西远远逾越《道德经》的著者。试想一下，一部《道藏》可谓尽在老子（作为道教尊神的老子）旗下，其中真正忠实于《道德经》著者思想的典籍能有几许？所以，一定要拿《道德经》体现的老子思想来衡量道教，就等于取缔道教。从这个角度讲，耶律楚材可谓不懂道教。耶律楚材的友人并为楚材写《神道碑》的宋子贞就是这样认为的，《神道碑》只说楚材“凡星历、医卜、杂算、内算、音律、儒释、异国之书，无不通究”,[①] 不说他懂得道书。但是，作为道教尊神的老子，确实不是著《道德经》那个老子，何况早期全真道人物还搞了那么多神化自己的异迹，要让耶律楚材这样的人承认他们是老子正宗也难。《西游录·序》不是也讲了“孔氏之邪”与“释氏之邪”吗？可见耶律楚材不是专与全真道为敌。今日推崇金元全真道的学者，不必对耶律楚材义愤填膺。

① 《全元文》(1)，页 178。

三 “学者斯闻大道，无溺于方技可矣”——读刘祖谦《仙迹记》

金哀宗天兴元年（1232）五月，完颜璹去世。仅隔四个月，出现了另一篇王重阳碑传，题为《终南山重阳祖师仙迹记》（下简称《仙迹记》），[①] 作者是金翰林修撰刘祖谦（约 1176—1234）。刘祖谦是个饱学之士，人们称他“博学，兼通佛老百家言，……谈论亹亹不穷，援笔为文，奇士也”。[②] 同《教祖碑》作者一样，刘祖谦在《仙迹记》中也讲了自己撰文的缘起：

> 仆适承乏翰林，与提点嘉祥观冲虚大师李志源及提点中太一宫冲虚大师于善庆、无欲子李志远[③]为方外友，因索鄙文，以纪重阳仙迹。仆往年从事鄠亭，密迩灵虚，宿闻真风，故就为之说，使后之学者知师出处之迹，其功用及物若是之大，得以考观而推行焉。[④]

---

① 《仙迹记》有多种版本，兹据《道家金石略》所录《柳风堂石墨》本，见《道家金石略》，页 460— 461。

② 《归潜志》卷四，页 41。

③ 李志远，别本有作李志常者，误。

④ 《道家金石略》，页 461。

文中的“鄠亭”即鄠轩，指完颜璹。“灵虚”，是王玉阳为其弟子在终南山祖庭所建道观奏立的观名。可见刘祖谦与全真道徒们早有来往。使人稍感意外的是，《仙迹记》的策划人竟然仍是《教祖碑》的策划人李志源、于善庆，外加一个李志远（1169—1254）。据何道宁在元宪宗五年（1255）撰写的《终南山重阳万寿宫无欲观妙真人李公本行碑》,[1] 李志远是马钰之徒碧虚子杨明真的弟子，比李志源、于善庆晚一辈，自金哀宗正大五年（1228）起主掌灵虚观。

《仙迹记》篇幅不大，只有《教祖碑》一半。从两碑内容的异同，可以看出撰写新碑的意图。

首先，《仙迹记》对《教祖碑》记事的疏误作了一些补正。《教祖碑》有王重阳两易其名之说，前后交代不清；《仙迹记》删去“易名德威，字世雄”的说法，以“名喆，字知明”一贯到底，不再令人困惑。《教祖碑》原将重阳遭寇劫掠之事置于天眷之后的“废齐”年间，造成时间颠倒；《仙迹记》将遭劫一事改置于天眷年间，消除了时间颠倒问题。《教祖碑》记重阳去世于大定十年正月四日，未述重阳之生年与阳寿；《仙迹记》称重阳逝于“已丑（1169）季秋”西归抵汴后之“无几

① 《道家金石略》，页 523。

何”，虽不如《教祖碑》具体，但两者大致可通。《仙迹记》多出“春秋五十有八”一语，从而可以推算出重阳生年。

其次，《仙迹记》增加了一些《教祖碑》没有的故事。像在活死人墓“四隅各植海棠一株”，去世前六年预知“寿命不过五十八”，以及对马钰的“分梨赐芋之化”等等，都是新添的。

其三，《仙迹记》略去《教祖碑》不少内容，主要是王重阳那些神通应物故事。为何要略，刘祖谦在文末作了说明：

> 若其出神入梦，掷伞投冠，其他腾凌灭没之事，皆其权智，非师之本教。学者斯闻大道，无溺于方技可矣。

这段说明虽然简短，却是全文的重点所在。它把王重阳等制造的神异之迹全归诸“权智”的运用，列为“方技”，告诫徒众（“学者”）应该减少或停止对“出神入梦，掷伞投冠”之类的神异之迹的宣传和颂扬。这在当时的全真教内，很可能引起过一阵震撼。

我们已知，“出神入梦”是王重阳师徒惯用的传教手段，被丘处机推为全真道的“极理”，是《教祖碑》竭力宣扬的神异之迹，现在怎么会有人出来叫停呢？而且，《仙迹记》与

《教祖碑》同是李志源、于善庆策划的，《仙迹记》执笔人刘祖谦跟从过《教祖碑》执笔人完颜璹，《仙迹记》还恭敬地引用了完颜璹在《教祖碑》中对王重阳的赞语，为甚么末了又要指摘《教祖碑》突出“权智”、“溺于方技”呢？是李志源、于善庆改变了六年前策划《教祖碑》时候的观点，想搞点自我批评，还是刘祖谦新出的主意？这些问题在当时难免使道徒感到困惑，亦非今日的学者能够轻易解答。

尤其可怪的是，《仙迹记》既然告诫别人“无溺于方技”，自己就不该再宣扬方技，可是《仙迹记》中仍然有这样的文字：

> （重阳）径达宁海，首会马钰于怡老亭。马亦儒流中豪杰者，初未易许师，故恳师庵居，固其扃鐍，率数日不给食，纵与食之，亦未尝见水火迹。或时夜就马语，莫知其所由来；及去，追之不及，扃鐍如故。间与魂交梦警，分梨赐芋之化不一。①

这段叙事与《教祖碑》所述没有多大差别，“魂交梦警”并不

① 《道家金石略》，页461。

比“出神入梦”稍减神异。

仅就全真道自身的发展而言，从《教祖碑》热衷于宣扬王重阳的“神通应物”，到《仙迹记》告诫徒众“无溺于方技”，无疑是一种提高。方技接近巫术，为文化水平较高、发展比较成熟的教门所不取，在道教中也被人视为“末”（下详）。因此，应该相信李志源、刘祖谦等在《仙迹记》中发出的呼吁，确有提高教门水平的诚意。但是，在全真道早期的六十多年中，这个教门用来吸引群众的主要手段是方技，李志源、于善庆等从父师那里听到的多是教祖、父师们的神异之迹，现在想要弃旧更新，短时间内能用甚么来替代呢？以王处一为例，如果从他的传记中拿掉那些神通故事，其人可讲的事就所剩无几了。他如马钰、谭处端、刘处玄，情况也差不多。于是就出现了一面告诫“无溺于方技”，一面继续宣扬方技，一面勾掉“出神入梦”，一面又讲说“魂交梦警”的矛盾现象。而且，对于方技，《仙迹记》并没有全盘否定，只是降格，它巧妙地把方技归入王重阳的“权智”，从而使方技的玩弄者免除了被暴露的尴尬。

说到这里，或许有必要对“权智”一词作些解释。“权智”本是佛教用语，意指适用于普度众生的一时方便权宜之智。与“权智”相对的是“实智”。佛教天台宗创始人智顗（538—

597）解释权、实的差别说：“权是权谋，暂用还废；实是实录，究竟旨归。”① 这就是说，实智是主旨、目标，是根本性的，不可移易的；权智是为了引人通达实智而暂时使用的手段，是可用可废的，而且终究是要废的。20 世纪八十年代台湾出版的《佛光大辞典》，依据隋代慧远的《大乘义章》等典籍，对“权实二智”作了简要明了的解释，指出“‘实智’属于‘体’，‘权智’属于‘用’”；权智又“称为方便智”，“实无其事，而权巧施设，故称为方便”。② 据此而言，即使像“掷伞”之类的事最终被证明为实无其事的权巧施设，仍不可视同常人所说的谎言或骗局，只可称作权智，因为它是王重阳、丘处机师徒为引度众生而设的。《仙迹记》中有一段话，最能表明李志源们怎样运用权智说来为王重阳的行为作辩解的：

> 正隆己卯间，（重阳）忽遇至人于甘河，……自是尽断诸缘，同尘万有，佯狂垢污，人益叵测。虑夫大音不入俚耳，至言不契众心，故多为玩世辞语，使人喜闻而易入。其变怪谈诡，千态万状，不可穷诘。呜呼！箕子狂，

---

① 《摩诃止观》卷三下，《大正藏》(46)，页 34 上。

② 《佛光大辞典》(7)，北京，书目文献出版社影印，1989 年，页 6896 下。

> 九畴叙，接舆狂，凤歌出，权智倒，横直竖，均于扶世立教，良有以也。①

按此说法，王重阳的变怪谈诡都是为接受不了“大音”、“至言”的俚俗群众设的，目的是为了扶世立教，故而无可非议。说穿了，权智说的功效之一就是以目的的正当性来为不正当的手段辩护。

当然，李志源、刘祖谦们也知道，权智毕竟不是实智，它的格位远低于实智，用得太多太滥了有碍于对实智（“大道”、“本教”）的体悟，故而要作一点限制。怎样限制呢？“无溺于方技可矣”。我想，《仙迹记》作者们的本意就是如此。

下面我们来看《仙迹记》关于方技问题的呼吁，在教内得到了怎样的反应。

四　“行教须用权，以方便化人是也”——读尹志平《北游语录》

上面我按《教祖碑》、《西游录》和《仙迹记》问世先后，介绍了它们对全真道利用方技的议论。没有任何迹象显示耶律

① 《道家金石略》，页461。

楚材读过《教祖碑》，也没有任何迹象显示刘祖谦、李志源等读过《西游录》。但将三份史料连缀起来读，它们的议论就像预先安排好的，经历了一次正反合三一式发展过程：《教祖碑》宣扬方技，《西游录》指之为邪，《仙迹记》既呼吁抑制方技又主张保留方技。可是，关于方技的议论并没有到《仙迹记》结束。就在《仙迹记》问世次年，又有人出来说：“行教须用权，以方便化人是也。”[①] 这就是说，为了方便化人，传教必须使用权智。由于方技是权智的重要表现，这也等于说，行教必须用方技。说这话的不是等闲之辈，而是自丁亥年（1227）以来的全真掌教尹志平。

尹志平（1169—1251），字大和，号清和子，莱州（今山东掖县）人。据说他十四岁拜见过马钰，十九岁出家从刘处玄。后觐丘处机于栖霞观，执弟子礼，又受《易》于郝大通，受口诀于王玉阳。七真中，他直接接触过五个，情形有点像李志源、于善庆。他与丘处机关系最深，是随丘处机西行的十八弟子之一，那时他已年逾半百。丘处机去世不久，他就取得了掌教身份。[②] 元太宗五年（1233）春，尹志平应北京运使侯进

---

① 《清和真人北游语录》卷四，《道藏》(33)，页 176 中。

② 参看刘晓《全真教尹志平接任掌教之谜》，《道家文化研究》(23)，北京，三联书店，2008 年，页 250—260。

道等邀请，赴北京（今内蒙古昭乌达盟宁城西大明城）等地作醮事，次年四月南返。在此期间几次与门人“讲论经法”，由诸弟子各记所闻，辑为《清和真人北游语录》四卷。“行教须用权，以方便化人是也”，就是尹志平在《北游语录》中讲的。与此相关的话语还有一些，这里引出三段，以供研究。

癸巳（1233）秋七月某日晚，于北京华阳观集徒众坐谈，尹志平说：

> 吾每欲以实语人，人将以寻常不加精进，多谓通灵通圣方是道。尝记有人劝师父（丘处机）少施手段必得当世信重，师父不顾。至于再三，劝者益甚。师父大笑曰：“俺五十年学得一个实字，未肯一旦弃去。”乃知至人不为骇世之事。……奈何人必以通显灵圣方是道。[1]

同年中秋夜在栖真观，尹志平又对徒众讲：

> 长春师父所授，不可具述。吾今年几七旬，归期将至，岂欲不付后人？凡吾言皆本于实，人多好异，故听之

① 《清和真人北游语录》卷一，《道藏》(33)，页159下。

者不入。陈秀玉于师父（丘处机）则贴然心服，尝谓人曰：“吾所以心服丘长春者，以其实而已。尝与论教，有云：‘道、释杂用权，惟儒家不用。’非深明理者，不能有此语。”盖道、释之教方便以化人，为中人以下设，此圣人之权也。孔子有云：“中人以上，可以语上也；中人以下，不可以语上也。”是以圣人曲垂方便，循循然诱之，而使易入，至乎善则一也。……吾今以实言告诸众，众等听之，非我之私言也，师真之言也。①

这年冬十月，尹志平在义州（今辽宁义县）通仙观与弟子讲《道德经》，中间说道：

吾闻行教须用权，以方便化人是也，然则不无失其实。常体师父所言，无一不本于实，常曰：“吾心知方便，而口不能道。”吾亦曾与完颜先生论及此，初则是说方便，久则习惯于口，化为常言，不自知觉，其心亦与之俱化，此当为学者深戒。②

① 《清和真人北游语录》卷二，《道藏》(33)，页163下—164上。
② 同上书卷四，《道藏》(33)，页176中。

从这三段话，我们读到了些甚么？

第一，尹志平是承认用权智者“不无失其实”的，实际上是默认早期全真道有未“以实语人”的行为。但是，他要从原因和目的这两个方面来替这种行为辩护。他说，未“以实语人”的原因，在于世人听不进（“不入”）实话而好听异闻（“好异”）。世人多以为“通灵通圣”的才是有道之人，否则便是平常的不求精进之辈，这使得像他这样“本于实”的人感到无奈。本来是王重阳们为了神化自己，编了种种“亟显神异”的故事蒙骗世人，经尹志平这样一讲，责任便不在异闻的制造者身上，而在好听异闻的世人身上，性“本于实”的王重阳们只是曲从了世人而已。

王重阳们制造神异，目的何在？尹志平说，是为了“至乎善”。他说，释、道用权智是为了方便化人，是给中等以下资质的人设置的，这是圣人的权智。他还从《论语》的《雍也》搬出一段孔子说的“中人以上，可以语上也；中人以下，不可以语上也”，来证明三教圣人为了同一个“至乎善”的目的而“曲垂方便”。①尹志平是在用目的的正当性为手段的欺骗性

① 杨伯峻《论语译注》将孔子这句话译作：“中等水平以上的人，可以告诉他高深学问；中等水平以下的人，不可以告诉他高深学问。”（北京，中华书局，1980 年，页 61）杨氏的译文或可再斟酌，但孔子的话决无对中人以上用实，对中人以下用权的意思。尹志平把孔子的话与释、道杂用权智相提并论，歪曲了孔子的原意。

辩护。

第二，尹志平虽然作了以上的辩护，但他毕竟也明白，言行不实不是好名声，所以他努力要把他的父师丘处机同不实的言行切割开。在上引的三段话里，尹志平一直强调丘处机的实，说丘处机不肯"少施"（即稍施）手段，"所言无一不本于实"。可是，丘处机的"实"，经得起检验吗？几年前我曾在一篇文章里举过两个事例来验证丘处机的"实"，① 本文又增添了"掷伞"和四十年不寐两例，其人究竟实与不实，应该是清楚了。

第三，尹志平提倡化人用权，但他担心自己的徒众（"学者"）用权用久了，"方便"之言讲多了，不知不觉之间，自己内心也把"方便"之言当作真有其事了。所以他告诫徒众，"方便"之言是用来化别人的，自己内心不可"与之俱化，此当为学者深戒"。

《清和真人北游语录》卷二还记了尹志平在栖真观讲的一则自己的故事：

> 初昌邑县西住庵尝独坐一桃树下，每过半夜，有时不知天晓。一夕四更中，忽一人来，道骨仙风，非尘世人，

---

① 《丘处机"一言止杀"再辨伪》，页306—307。

> 金光玉泽，莹然相照。吾一见之，正心不动，知是长生真人（刘处玄）也。既至，挥刀以断吾首，吾心亦不动。师喜，复安之。觉则心有悟，知师易吾之俗头面也。后十日复至，剖出吾心，又知去吾之俗心也。又十日复至，持油糕一盘饷予。尽食之，过饱欲死。师即剖吾腹，尽去之。盖以吾性素自高，高则多所损折，故去其所损者。呜呼！至诚感神，信不虚矣。……此事未尝语人，今乃大白于众，众等勿为空言，忽而不行也。①

这是自称“吾言皆本于实”的尹志平自编的一则“出神入梦”故事。看来他把当时的听众都看成“中人以下”了，故而对他们讲了一番“方便”之言。三十年后有人受掌教张志敬委托写尹志平碑铭，将这故事缩写为四十余字：“住昌邑县之西庵，常独坐树下达旦。或一夕，见长生刘真人飘然而来，断其首，剖其心，复置之，觉而大有所悟。”② 我不厌其长地引述尹志平原话，是因为这则故事相当完整地反映了早期全真教种种神话的产生和流传过程，能让今天的读者明白，以“实”自我标榜

① 《道藏》(33)，页165中。

② 弋彀《玄门掌教清和妙道广化真人尹宗师碑铭并序》，《道家金石略》，页568。

的丘处机师徒究竟“实”到甚么程度。

尹志平享年八十三，是金元全真道由早期过渡到中期的关键性人物。他掌教十二年（1227—1238），正值蒙古灭金（1234年）前后，朝代鼎革为先前已经依附新朝的全真道带来巨大的发展机会，也提高了尹志平个人的声誉。弋彀说：“自古教法之盛，功德之隆，惟清和师为最，盖天之畀付之道一，而所遇之时异也。”① 元太宗十年（1238），尹志平让掌教位给李志常，自己退居二线，在教内威望犹存。他提倡的“行教须用权”，教内一直有人响应。全真道影响最大、流传最久的丘处机“一言止杀”故事，就是在他掌教期间炮制出来的。元太宗十三年，秦志安编成《金莲正宗记》，在序言中称颂王重阳“以千变万化为权”，② 书中又给早期全真人物增添许多神异故事。这两件事都体现了“行教须用权”的效应。直到忽必烈即汗位之年（1260），这条“行教须用权”的方针在宣传上才有所收敛。

五　**“洗百家之流弊，绍千载之绝学”**——读李鼎《宗圣宫记》

公元1260年夏季，忽必烈即汗位于开平（今内蒙古正蓝旗

---

① 《道家金石略》，页567。

② 《道藏》(3)，页344上。

东)，建元中统，开创了大蒙古国历史的新时期。就在这一年，一篇颇有影响的全真道碑文问世，它明显地把全真道的历史地位提拔到一个新的高度，这就是李鼎写的《大元重修古楼观宗圣宫记》(下简称《宗圣宫记》)。[①]

李鼎，太原人，生卒年不详。陈垣《道家金石略》收鼎文四篇，其中一篇《玄都至道披云真人宋天师祠堂碑铭并引》，撰者署“门人前进士虚舟野人太原李鼎”。[②] 据此可知，李鼎本是金朝进士，后来成为丘处机弟子宋德方（1183—1247）的门人。以宋德方去世之年推算，李鼎在中统元年至少已从道十三年，也可算是儒、道兼通了。《宗圣宫记》记同尘子李志柔（1189—1266）从丙申年（1236）开始修建终南山宗圣宫的事迹，其中最可注意的是文末的一段：

昔自玄元文始契遇于兹，抉先天之机，辟众妙之门，二经授受而教行矣。世既下降，传之者或异，一变而为秦汉之方药，再变而为魏晋之虚玄，三变而为隋唐之禳禬，其余曲学小数，不可殚纪，使五千言之玄训束之高阁，为

① 《道家金石略》，页549—552。
② 同上书，页546。

> 无用之具矣。金大定初，重阳祖师出焉，以道德性命之学，唱为全真，洗百家之流弊，绍千载之绝学，天下靡然从之。圣朝启运之初，其高弟丘长春征诣行在，当广成之问，以应对契旨，礼遇隆渥，且付之道教，自王侯贵戚，咸师尊之。于是玄元之教风行雷动，辉光海宇，虽三家聚落，万里邮亭，莫不有玄学以相师授，教法之盛，自有初以来，未有若此时也。[1]

这段话的主题是确定全真道的位置，用我们今天的话讲，就是给全真道定位。但是，这个位不是全真道在当时各教门之间的位，而是全真道在道教历史上的位。前一个位，不是全真道自己定得了的，要由蒙古朝廷来定；后一个位，就看全真道自己怎样讲了。事实上，从王重阳开始，全真教就遇到历史定位问题。王重阳把自己的教派往钟离权、吕洞宾、刘海蟾那里靠，就是一种定位，但只是简单、模糊的定位。后来丘处机也注意到这个问题，他让宋德方主持《道藏》的修复，具有以道教正统、正宗自居的用意。李志常掌教时期，宋德方的弟子秦志安编《金莲正宗记》，在序言中为本教搞了一个这样的历史定位：

---

① 《道家金石略》，页552。

> 及汉，天师张静应之出世也。亲受正一法箓，战鬼狱而为福庭，度道士而为祭酒，其教甚盛，化行四海。继之以寇（谦之）、吴（筠）、杜（光庭）、叶（法善），祛妖馘祟，集福禳灾，佐国救民，代天行化，历数十世。宫观如林，帝王崇奉。及正（政）和之后，林（灵素）天师屡出神变，天子信向，法教方兴，而性命之说犹为沉滞而未之究也。及炎宋之讫录挺生，重阳再弘法教，专为性命之说，普化三州，同归五会，以金莲居其首，东游海上，度者七人。以柔弱谦下为表，以清静虚无为内，以九还七返为实，以千变万化为权。更其名曰全真，易其衣而纳甲。①

按照秦志安的定位，王重阳是与制定斋醮仪范的寇谦之、传授正一道法的吴筠、施符箓劾鬼神的叶法善、擅长符箓斋醮的杜光庭、挈徽宗游神霄的林灵素一脉相承的。秦志安这样定位有他的理由，他虽然强调王重阳“专为性命之说”，但也深知本教的创建者们是权、实并用的，把王重阳排在以上这些道教名人之后不算屈辱。可是，拿李鼎的定位与秦志安的相比，高低立见。在李鼎的定位里，全真道不再是尾随寇、吴、叶、杜、

① 《道藏》(3)，页 343 下—344 上。

林之后的权、实兼用的道派，而是绝传千年的老氏之学的继承者。李鼎把前代的方药、虚玄、禳禬及一切曲学小术统统清出老氏系统，全真成了惟我独尊的老氏传人。

李鼎的定位是一定形势下的产物，甚至可以说，是被形势逼出来的。人们应该记得，就在李鼎撰《宗圣宫记》前两年，元宪宗八年（1258），发生了第一次僧道大辩论。辩论以全真道惨败告终，十七名道士被迫削发，焚毁《化胡经》等“伪经”数十部，归还先前侵占的佛寺二百三十七区。此后一段时间，道众情绪之低落，可想而知。重建信心，提升士气，便成为全真上层最关心的问题。由于僧道辩论没有伤到老子及其《道德经》的历史地位，继续高举老子与《道德经》的大旗便成为全真领导层的当务之急，李鼎的定位就出现在这样的时刻。这样的定位并非李鼎个人的主张，肯定是教门领导层的共同选择。李鼎讲了，《宗圣宫记》是当时的掌教诚明真人张志敬嘱他写的。

从历史的角度看，李鼎的话是有所本的，它依托了北宋苏轼的道家本末论。宋哲宗元祐六年（1091），苏轼写了一篇《上清储祥宫碑》，是上呈皇帝的，其序说：

臣谨按道家者流，本出于黄帝、老子。其道以清净无为为宗，以虚明应物为用，以慈俭不争为行，合于《周易》“何思何虑”、《论语》“仁者静寿”之说，如是而已。自秦、汉以来，始用方士言，乃有飞仙变化之术，《黄庭》、《大洞》之法，太上、天真、木公、金母之号，延康、赤明、龙汉、开皇之纪，天皇、太一、紫微、北极之祀，下至于丹药奇技，符箓小数，皆归于道家，学者不能必其有无。然臣尝窃论之，黄帝、老子之道，本也；方士之言，末也。修其本而末自应。①

将上引李文的一段与苏文此段对读，不难看出，无论是内容还是文字，李文都有依托苏文的痕迹，但不是抄袭，而是改作。李文没有照搬苏文的“本”、“末”字样，但他指方药、虚玄、禳禬以及其余曲学小数“使五千言之玄训束之高阁”，至王重阳才“绍千载之绝学”，实际是分了本、末的。可是，如同本文前四章所揭示的那样，早期全真道虽然也打着老子的旗号，却是大造“神异”之迹的。制造“神异”的行为，无疑属于末，而不属于本，属于“小数”，而不属于“大道”。可是，李鼎们对此却缄口不语，不作任何反思。因此，王重阳“绍千载

① 《苏轼文集》(2)，北京，中华书局，1986年，页503。

之绝学”一说，既不符合早期全真道的实际情况，也不意味着全真道此后要有大的更张。说穿了，不过是抓旗帜而已。

然而，就是这个抓旗帜之举，经过教门反复宣传，对后世影响不小。下面我们将要讲到，后世怎样接受了李鼎的定位。

六 “黄帝老子之教，恐不如是之隘也”——读宋子贞文两篇

本章解读元世祖时期名臣宋子贞写的两篇文章，第一篇是《顺德府通真观碑》（下简称《通真观碑》），第二篇是《玉虚观记》。

宋子贞是潞州长子（今属山西）人。金太学生。金末归东平行台严实。元太宗七年（1235），任行台右司郎中。世祖中统元年（1260），拜右三部尚书。至元二年（1265），官至中书平章政事，位在宰相之列。苏天爵《国朝名臣事略》和《元史》都有他的传。说来也巧，《全元文》共收宋子贞文五篇，一篇是长达六千字的耶律楚材神道碑，另四篇全是为全真道士写的，包括我们要读的这两篇。《通真观碑》记顺德府（今河北邢台）通真观兴建经过，主要是表彰通真大师韩志久兴建之功。奇怪的是，全文一千一百字中竟有近四百字与李鼎《宗圣宫记》的文字雷同。请看下面近二百字：

世既下降，传之者或异，一变而为秦汉之方药，再变而为魏晋之虚玄，三变而为隋唐之禳禬，使五千言之玄训束之高阁，以为无用之具矣。金正隆间，重阳祖师王公以师心自得之学，阐化于关右，制以强名，谓之全真，当时未甚知贵。国朝启运之初，其门人丘长春首被征聘，仍付之道教，天下翕然宗之。由一以化百，由百以化千，由千以化万，虽十族之乡，百家之间，莫不有玄学以相师授。①

将这段文字与上章引的李鼎文字对照，大概不会有人否认两者存在抄袭关系。那么，是谁抄了谁呢？人们首先会想到查看两文的写作时间。但是，这个通常有效的办法在此却失去了效用。因为李鼎写《宗圣宫记》的时间是“中统元年”，《通真观碑》的写作年代是“庚申”，而庚申也就是中统元年（1260）。此路不通，只能另找出路。幸好两文的另一段雷同的文字为我们的问题提供了答案，那就是两文都有的同尘真人李志柔传。此传在李鼎《宗圣宫记》中是这样写的：

李公名志柔，字谦叔，家世洺水。自其父志微素喜

① 《顺德府通真观碑》，《全元文》(1)，页167—168。

冲澹。……其兄志端，弟志藏、志雍，皆从之游。初隐于仙翁、广阳两山之间十有二年，及闻长春宗师奉诏南下，乃迎谒于燕山，玄关秘锁，迎刃而解，其后道价益重，名彻上听，赐号同尘洪妙真人，并金冠锦服。诸方建立，若宫、若观、若庵，殆三百余区，然皆以是宫为指南。①

在宋子贞《通真观碑》中写作：

同尘，洺水人。自其父志微素喜冲澹。……其兄志端，弟志藏、志雍，皆从之游。……同尘……隐居于仙翁、广阳两山之间，绝迹人间者盖十有二年。及闻长春宗师奉诏南下，乃迎谒于燕山，玄关秘锁，迎刃而解。其后……道价益重，遂以朝命得今真人之号，并黄金冠服。……自为方所者，若宫、若观、若庵，殆百余区，然犹以通真为指南。②

两文中李志柔传的雷同程度，绝不亚于前引讲老子之学一变、二

① 《道家金石略》，页 551。
② 《全元文》(1)，页 168—169。

变、三变的那一段。也正是两篇李志柔传文字的雷同，暴露了是《通真观碑》抄袭了《宗圣宫记》，而且抄袭者并非《通真观碑》作者宋子贞本人。因为《宗圣宫记》本是李志柔门人为纪念李志柔建宫之“盛绩”而请人撰写的，记中含李志柔小传乃题中应有之义，是十分正常的。而同样的李志柔小传出现在《通真观碑》里是极不正常的，因为碑文要写的不是李志柔，而是李志柔在通真观的门人韩志久。按照《通真观碑》和《宗圣宫记》的叙述，通真观之地是李志柔在辛巳年（1221）买下的，但“才构一室”便逢丘处机西行归来，李志柔往谒，从此“传道四方，游无定所”。及至丙申年（1236），李志柔受全真掌教尹志平之命主持终南宗圣宫，通真观完全交付给其弟志雍及门人韩志久。其后二十多年，通真观陆续建起大殿、祖堂、斋堂、方丈、膳馐之所、云众之居。宋子贞说：“始大殿告成，而志雍遽蜕去，余皆志久为之。”故而碑文要记的是韩志久之功，文末说：

> 志久，潞之长子人，实与余同里闬，雅为大宗师李真常之所知。……及今诚明真人张公嗣掌道教，又令纲纪顺德、洺、磁、威四州之众，其为人盖可知。①

---

① 《通真观碑》，《全元文》(1)，页 168，169。

可是，我们在宋子贞自述撰碑用意之后，在"志久，潞之长子人"一语之前，读到的却是上引的李志柔小传，与上下文的文意和语气均不衔接。由此可以断定，李志柔小传非宋子贞原文所有，而是别人强塞进去的。塞者为谁？我看非《甘水仙源录》编者李道谦莫属。因为我们现在读到的《通真观碑》来自至元二十五年（1288）李道谦编成的《甘水仙源录》，而李道谦又有篡改别人文章的恶习。2007 年我在《丘处机"一言止杀"再辨伪》一文中曾揭出李道谦对元好问文章的篡改，指出李道谦"不仅会著文编书，还会对别人的文字暗施手脚"，提醒读者对《甘水仙源录》"应该谨慎用之"。[①] 现在看来，我这段话还需要强调一下。

《通真观碑》的李志柔传抄自《宗圣宫记》，碑中关于老子之学一变、二变、三变的议论自然也是。如果要问李道谦为何要这么干，我看有三点值得考虑。第一，李道谦很尊重李志柔。李鼎撰《宗圣宫记》的时候，李志柔尚在世。至元三年（1266）李志柔以七十八岁高龄去世，四年后下葬，李道谦应志柔门人石志坚之请，为李志柔写了《大元宗圣宫主李尊师道

① 《中华文史论丛》2007 年第 1 期，页 319。

行碑》，内称："予尝辱知于师。……予亦重师之有道。"[①]《道行碑》讲李志柔的事迹远比《宗圣宫记》多，《甘水仙源录》卷七收了《道行碑》，不再收《宗圣宫记》，是可以理解的。第二，李道谦很欣赏李鼎关于老子之学三变的议论，他在至元二十一年写的《楼观大宗圣宫重修说经台记》（下简称《说经台记》）中曾经改头换面地予以引用，其文作：

> 然而武帝信方士，祷祠之事行焉；淮南好神仙，黄白之书出焉。老子之道于是乎诎矣。下迨魏晋之世，盛谈清虚，隋唐以来，剧行符箓，以至丹药奇技，曲艺小数，悉归之道家。降及□代，虚荒流荡，莫可致诘，遗经高阁，视为无用之具矣。[②]

《甘水仙源录》既未收《宗圣宫记》，亦未收此《说经台记》。在这样的情况下，李道谦仍要宣传王重阳未出之前《道德经》被束之高阁的三变说（本文上章讲过，此说非李鼎个人见解，是全真领导层赞同的），便采取移花接木的办法，将李鼎之文

---

① 《道家金石略》，页599。

② 同上书，页644。

此段略加改动，植入宋子贞的文内。第三，李道谦看中宋文，是因为宋子贞既有文名，又有政声，官至宰相，在当时是重量级人物。言出于宋口与出于李鼎之口，分量自不一样。李道谦在《甘水仙源录》（下或简称《仙源录》）自序中说，各地宫观竖立之碑铭“往往多鸿儒巨笔，所作之文虽荆金赵璧未易轻比”。[①] 故而他把李鼎之言与李志柔小传一并移入宋文，以抬高本教和李志柔个人。《仙源录》不收《宗圣宫记》，但收了李鼎的另一篇文章，对李鼎（不管他在《仙源录》始编时是否还在世）也算交代得过去。我这三点推论是否把李道谦现代化了？也许有读者会说，当年编书的人思想不会这么复杂。我看倒很有可能这么复杂。反正李道谦在元好问、宋子贞的文章里动了手脚是事实，李鼎的话是不会自动跑进宋子贞文章里的。

这里还有一个证据，能够说明宋子贞不可能说出李鼎那样的话，这个证据就是宋子贞的另一篇文章《玉虚观记》。该记是宋子贞在至元元年（1264）为全真炼师李子荣写的，比《通真观碑》晚出四年。这个李子荣出家三十余年，晚年思祖，建观以祀，观名玉虚，请宋子贞撰文记其事。宋子贞议论道：

---

① 《道藏》(19)，页 722 上。

> 万物本于天，人本于祖，故天子七庙，诸侯五庙，大夫三庙，士二庙，庶人则祭于家。自三代而下，莫不由之，所以示报也。而今为道者，则曰必绝而父母，屏而骨肉，还而坟墓，不然则不足以语夫道。渠独非人子乎？黄帝、老子之教，恐不如是之隘也。①

这番话显然是针对全真道要求道徒出家而言的。一个对全真教是否真为黄帝、老子之教尚有保留的人，是不会发出李鼎那样的议论的。对全真友好，但又不完全赞同，才是宋子贞的真正立场。

七　**“老庄之道，于是乎始合”**——读徐琰《郝宗师道行碑》

徐琰（？—1301），东平（今属山东）人，号容斋。元世祖至元初，任陕西行省郎中，历中书左司郎中。二十三年（1286），拜岭北湖南道提刑按察使，赴官途中经汴京，应郝大通再传弟子洞阳子徐志根之请，写下这篇《广宁通玄太古真人郝宗师道行碑》（下简称《郝宗师道行碑》）。碑文后段说：

① 《全元文》（1），页 180。

> 噫，道家者流，其源出于老庄，后之人失其本旨，派而为方术，为符箓，为烧炼，为章醮，派愈分而迷愈远，其来久矣。迨乎金季，重阳真君不阶师友，一悟绝人，殆若天授，起于终南，达于昆嵛，招其同类而开导之，锻炼之，创立一家之教曰全真。其修持大略以识心见性，除情去欲，忍耻含垢，苦己利人为之宗。老氏所谓“知其雄，守其雌”，“知其白，守其黑”，“知其荣，守其辱”，“为道日损，损之又损，以至无为”；庄生所谓“游心于淡，合气于漠”，“纯纯常常，乃比于狂”，“外天地，遗万物”，“深根宁极”，“才全而德不形者”，全真有之。老庄之道，于是乎始合。重阳唱之，马谭刘丘王郝六子和之，天下之道流祖之，是谓七真，师（郝大通）其一也。[①]

这段文字，研究全真道的学者大概都很熟悉，过去陈铭珪、陈垣曾予引用，陈垣还从这段话引申出重要的结论（详见本文第十一章)。为了准确理解这段文字，有必要对这篇碑文的结构作一点分析。

这篇碑文约二千五百字，前四百字讲作者应允执笔的经

---

① 《道家金石略》，页 673。

过。徐琰说，当徐志根向他提出撰碑请求时，他“自惟儒生，昧于玄学，叙事遣辞，或至抵牾，徒取诮于识者。牢让再三，竟不获已”。接下来写郝大通生平事迹，用了一千字，材料是徐志根准备好的，他“乃据洞阳所录宗师行实，采摭缀缉以付之”。再往下便是我们上引的这段文字，近三百字。其后讲郝大通弟子玄通子范圆曦、栖云子王志谨及徒孙徐志根事迹，又用去二百余字，材料自然还是徐志根提供的。末后是长达五百余字的铭诗。二千五百字就是这样分配的。现在要问，在通篇碑文中除去铭诗，还有多少字是徐琰自己的议论？看来只有上引的近三百字了。可是，三百字前一部分的大意，我们已在《甘水仙源录》收的宋子贞《通真观碑》中见过，源自李鼎，徐琰只是重复他们的话，并无新意。[①] 三百字的后半部分，则是老、庄语录一束。由于语录之后有“全真有之”四个字，又说“老庄之道，于是乎始合”，后人便据以认为老、庄提到的这些行为准则，全真多已做到。其实，这些语录不过是徐琰奉送给全真道的恭维话而已，与全真道是否做到是不相干的。何以见得？读一读至元十二年（1275）翰林学士王磐（1202—

① 徐琰这篇《郝宗师道行碑》也出于《仙源录》，不能排除经李道谦增改的可能。

1293）写的《创建真常观记》便能知晓。王磐说：

> 今也掌玄教者，盖与古人不相侔矣。居京师住持皇家香火焚修，宫观徒众千百，崇墉华栋，连亘街衢。京师居人数十万户，斋醮祈禳之事，日来而无穷。通显士大夫洎豪家富室庆吊问遗，往来之礼水流而不尽，而又天下州郡黄冠羽士之流岁时参请堂下者，踵相接而未尝绝也。小阙其礼则疵衅生，一不副其所望则怨怼作。道宫虽名为闲静清高之地，而实与一繁剧大官府无异焉。①

王磐这篇文章的写作时间早于《郝宗师道行碑》十一年。当全真教门已经糟糕到这等程度的时候，徐琰还称他们是“知其荣，守其辱”，“游心于淡，合气于漠”，这不是恭维，又是甚么？由于这些恭维话是现成的，得来全不费功夫，徐琰乐得大把送人，徐志根也就欣然收下了。

徐琰甚至没有想到，应该把自己的恭维话同所述郝大通的事迹作点协调。举个例子：按徐琰的话，方术、符箓、章醮均失老、庄“本旨”而入于“迷”，但他没有少讲郝大通的神异。

---

① 《道家金石略》，页615—616。

他说郝大通于大定十五年（1175）“坐于沃州石桥之下，缄口不语，河水泛溢，身不少移，水亦弗及。人馈之食则食，无则已。虽祁寒盛暑，兀然无变，身槁木而心死灰，如是者六年”。又吹郝大通“其他灵异之迹，如天长预告侯子真之火，恩州夜入王镇国之梦者，尚多有之，不可殚记”。又称：“二十二年，师（郝大通）过滦城，又与神人遇，受大易秘义，自尔为人言未来事，不差毫发。”[①] 这些所谓灵异之迹，大抵都可以方术（方技）视之。我读着不禁感到奇怪，徐琰等人时而宣扬方术的神异，时而又指方术为迷，他们当真没有觉察自己的前言与后语之间有矛盾吗?

然而，矛盾归矛盾，后世信之者还真不少。今天有的学者仍喜欢引徐琰的话，要的是“老庄之道，于是乎始合”一句。

借着谈《郝宗师道行碑》，我想说说自己对郝大通的一些认知。首先是他同王重阳与另几“真”的关系。在所谓的“七真”中，郝大通与王重阳的关系比较疏远。他在二十八岁遇王重阳之前，在市井开肆卖卜，身份已在方士之列。卖卜的人大多熟悉世情，善于察言观色，郝大通应不例外。他与王重阳接触不多。头一年“以有老母，未即入道”。第二年母逝，方入

---

① 《道家金石略》，页 673。

昆嵛山烟霞洞拜师。第三年王重阳去汴京之前，郝大通已与王玉阳往居查山。估计他与王重阳相处的时间总共不到两年。大定十二年（1172）他赶到终南参加了王重阳葬礼，事后“欲与四子（丘、刘、谭、马）同庐墓侧”，遭他们拒绝。《郝宗师道行碑》记：“长真（谭处端）激之曰：‘随人脚根转可乎？’”其实这根本不是甚么“激之”，就是不让郝大通进入全真的核心圈，所以他只能“明日遂行”。[①] 郝大通最拿手的是《易》学，深得元好问赞许，[②] 但非传自王重阳。据《郝宗师道行碑》说，郝大通在大定二十二年（1182，重阳已逝十二年）“又与神人遇，受大易秘义”，他的名字与道号也是此前神人授予的。可见他与王重阳关系之浅，否则他不会在王重阳去世以后还要假托其他神人传这授那。他后来名列“七真”，主要得力于他的两大弟子王志谨（1178—1263）与范圆曦（1178—1249）。

郝大通还长于敛财。宋子贞《普照真人玄通子范公墓志铭》记：

（范圆曦）年十九，从郝太古学为全真，太古深器之，

① 《道家金石略》，页673。

② 《太古堂铭》谓郝大通“笃于大易之学”，《全元文》(1)，页429。

潜授秘诀，且属以观事。常住多羡余几十万缗，听其出入不问。太古寻顺世，余众利其财，谋欲害公，公闻而笑曰："吾为众守耳，何至如是。"即并管钥以付。①

郝大通去世于金卫绍王崇庆元年（1212），那时蒙古兵已攻中都，山东有杨安儿红袄军之变。在这样的乱世，郝大通师徒还能聚得几十万缗钱财，可见全真道徒的生活水准是高于一般百姓的，不要以为他们都生活清苦。

八 **"弊极则变，于是全真之教兴焉"**——读王恽《永昌观碑铭》

王恽（1227—1304），卫州汲县（今属河南）人。仕世祖朝三十五年，官至翰林学士。成宗元贞元年（1295），加通议大夫、知制诰同修国史，参预纂修《世祖实录》。有《秋涧集》一百卷传世，集中谈道教的文章不少，陈垣《道家金石略》从中辑出二十余篇，半数讲全真，半数讲太乙。《大元奉圣州新建永昌观碑铭并序》（下简称《永昌观碑铭》）是讲全真的一篇，碑文未署写作时间。查《元史·地理志一》，奉圣州（今河

① 《全元文》(1)，页165。

北涿鹿）在金为德兴府，元初因之，世祖至元三年（1266）改为奉圣州,[①] 故知《永昌观碑铭》写作时间不会早于至元三年。碑文记全真道士寂然子张志玄及其下数代人兴建永昌观始末，情形大致如下：

河东孟门县（今山西柳林西北）人张志玄，自童年学全真，号寂然子。“既长，正一法箓亦称精究”。后“闻长春丘公应聘龙庭”，乃北游，“庶有遇合”，至永兴（即德兴府治）之清乐乡，“结茆而居”。“由是风动一方，日奉香火罗拜庵前。……起建琳宇，处师（张志玄）为上宾，榜曰迎仙，尊显之也”。二十年后，志玄去世，其徒通玄子吴法师继主迎仙。通玄“以符水疗疾，……达官豪右共来敬礼，至有得望其风采而为幸者”。永昌观就是经吴手基本建成的，“与迎仙为上下院”。“自是徒众云集，檀越之家设醮筵而徼冥福，求符药而济灾屯者，憧憧而来，曾无虚日。钟磬之声，隐然闻市肆间，永昌琳馆为一方名胜，道俗归依之所矣”。通玄子去世，虞法师继。虞寂，崔志善继。崔殁，卢法师住持，复传门人李道素。李道素努力承继先辈，“内则起废寮舍，外则增置田圃”。[②]

---

① 《元史》卷五八，北京，中华书局，1976年，页1351。

② 《道家金石略》，页693，694。

也就是这个李道素，来请王恽写此碑铭。王恽说，起初他“以道不同不相为谋”婉拒，经不住对方“请益坚，乃酌取大方家见于吾儒之纪载者，论次而铭之”。于是，王恽在叙述了永昌观兴建始末以后，又发了下面这通议论：

> 后世所谓道家者流，盖古隐逸清洁之士矣。岩居而涧饮，草衣而木食，节欲以清心，修己而应物，不为轩裳所羁，不为荣利所怵，自放于方之外，其高情远韵，凌烟霞而薄云月，诚有不可企及者。自汉以降，处士素隐，方士诞夸，飞升炼化之术，祭醮禳禁之科，皆属之道家，稽之于古，事亦多矣。徇末以遗其本，凌迟至于宣和极矣。弊极则变，于是全真之教兴焉。渊静以修己，和易而道行，翕然从之，实繁有徒。其特达者，各相启牖，自名其家。若寂然师弟，弘衍博济，教行山此是也。耕田凿井，自食其力，垂慈接物，以期善俗。不知诞幻之说为何事，敦纯朴素，有古逸民之遗风焉。①

王恽自言，他这段议论是酌取了大方家之文的；大方家谓

① 《道家金石略》，页694。

谁，他没有讲。从内容看，大概是苏轼和元好问。苏轼《上清储祥宫碑》曾论道家之本、末，本文第五章已经引出，读者可以比对。元好问的议论，见于他在金哀宗天兴二年（1233）写的《紫微观记》。本文第二章也曾引过，其中有道教“至宣政之季，而其弊极”一语。[①] 王恽所说道家“徇末以遗其本，凌迟至于宣和极矣”，大概就是糅合苏、元二人之说来的。“弊极则变，于是全真之教兴焉”一句，则是王恽自己的话，这句话当然是对全真教的赞语。看来王恽不知，倘若丘处机、秦志安尚在，他们不会接受这句赞语，因为他们根本不认为宋徽宗、林灵素是“弊”，他们是以林灵素的后继者自居的。

王恽的议论，颇受今人重视，今人以赞成的为多。陈垣指初期之全真为“逸民”，就是根据了《永昌观碑铭》。陈垣在《南宋初河北新道教考》中引了王恽的整段议论，随后便说：“以逸民名初期之全真，诚得全真之真相。”[②] 陈垣这一判断，对今人的研究工作有很大影响。但是，陈垣疏忽了两点：第一，王恽的“有古逸民之遗风”一语，是就到他作文时间（至元三年以后）为止的全真道而言的，此时全真创教已近百年，非初

① 《全元文》(1)，页416。按，本文不谈元好问与全真道的关系，拟另撰文研究。

② 《南宋初河北新道教考》，北京，中华书局，1962年，页2。

期之全真。这一点，只要读一遍《永昌观碑铭》就能知晓，无需多讲。第二，"逸民"之说是否"得全真之真相"，是需要检验的，至少要拿永昌观数代住持的言行来检验，因为王恽是在叙述了他们的事迹之后称赞他们有古逸民之遗风的。这个检验工作，陈垣未做，我们试做一下。

读王恽对永昌观"初祖"寂然子张志玄的记述，首先引人注目的是他"精究"正一法箓。甚么是正一法箓？胡孚琛主编的《中华道教大辞典》有刘仲宇写的七百多字释文，称"正一法箓为正一派传承的主要依据，得其箓也是行法的基本条件"。[①] 释文引第三十代正一天师张继先（1092—1127。请注意，张继先的成年正值政和、宣和年间）的话说："吾家法箓上可以动天地，下可以撼山川，明可以役龙虎，幽可以摄鬼神，功可以起朽骸，修可以脱生死，大可以镇邦家，小可以却灾祸。"[②] 正一法箓的威力功用真够唬人的，张志玄精研它的目的自然是为了用。张志玄能被一方尊显为仙，应该有正一法箓的一份作用。而这个张志玄恰恰是永昌观史上惟一属于"初期之全真"的人物，因为他学全真始于丘处机西行之前，住持迎

---

① 《中华道教大辞典》，北京，中国社会科学出版社，1995年，页649。

② 《三十代天师虚靖真君语录》卷一《开坛法语》，《道藏》（32），页369上—中。

仙观又达二十年。从张志玄的行迹上看不到任何“古逸民之遗风”。

循着王恽的叙述再往下读，我们看到，在永昌观创建发展的过程中，符箓、醮祭、方药之类被苏轼视为道家之“末”的多种手段都用上了。数十年间，永昌观从无到有，香火兴旺，博得达官豪右、檀越之家的施舍敬礼，竟然还能获得一个“有古逸民之遗风”的雅称，这不是很奇怪吗？原因在哪里呢？我带着这个问题转读王恽有关全真道的其他文章，结果发现，原因是在王恽对道教的观点上。下面是王恽的两段议论：

（一）予尝以道家者流，以清寂为宗，一死生，外形骸，自放于万物之表，是不以一毫世故撄拂其心。至于挟方术，出秘艺，救时行道者，世有其人。如砭剂膏肓，笞逐鬼物，驱役社翁，安人区而远不祥，往往验于事者，盖世所不废也。普济师其斯人之徒欤？较夫遗世绝俗，归洁一身，自放于万物之表，诚法教中有裨于世者耳！①

（二）余尝谓道家者流，以澹泊虚无为宗，以忘言绝俗

① 《故普济大师刘公道行碑铭》（下简称《刘公道行碑铭》），《道家金石略》，页692。

为事，或者须人为徒，心存济度，如三洞五雷、盟威正一等法，行符敕水，驱逐疾疫，鞭笞鬼物，使邪气罔奸两间，其于补助世教，有不得后焉者。方之与世相遗，归洁一身，槁死山林，长往而不来者，为有间矣！①

上引王恽的第一段议论，见于他为晋州（今河北晋县）景行里玄应观住持纯熙子刘志真写的《道行碑》。刘志真卒于“至元某年”，至王恽撰碑之年“化形已久”，因碑文有“今圣上邸潜时”一语，估计此碑撰于至元后期。据刘志真之徒告诉王恽，刘在己亥年（1239）拜在丘处机弟子宋德方门下，宋德方先后授以紫虚箓诀、上清三洞五雷箓法。其后刘志真“操履益精励，神经怪牒，大赜冥奥，气志既凝，洞知来物，簪裾所加，法力所至，疾痛呻吟，随失所在。中外喧播，以灵异称”，② 并且得到尚在潜邸的忽必烈的重视与赏赐。刘徒所言肯定有假饰成分，但这里重要的是王恽接着刘志真的灵异发表的上面这通议论。上引王恽的第二段议论出自他为终南山集仙观写的观记，作于癸巳年（至元三十年，1293）。因两段议论主

① 《终南山集仙观记》，《道家金石略》，页697。
② 《刘公道行碑铭》，《道家金石略》，页692。

旨相同，这里放到一块讲。

未读这两段议论之前，仅据《永昌观碑铭》，我总以为王恽是赞成苏轼的道家本末之说的，因为他也讲了“自汉以降，处士素隐，方士诞夸”如何如何，又有“徇末以遗其本”一语，似乎问题只在他给寂然子等人的评语不当。读了上两段议论，我方明白，问题不在给寂然子的评语当或不当，而在王恽根本没有接受苏轼的本末说。请查看苏轼的《上清储祥宫碑》，碑文把飞仙变化之术，“天皇、太一、紫微、北极之祀，下至于丹药奇技，符箓小数”皆纳入“方士之言”，明确讲了“方士之言，末也”。可是王恽却称赞“挟方术，出秘艺”，“行符敕水，驱逐疾疫，鞭笞鬼物”是“往往验于事者”，“有裨于世者耳”！显然，王恽是把“挟方术，出秘艺”的人放在“遗世绝俗，归洁一身”的人之上的。当然，对这类问题，王恽完全可以有自己的信仰，不必跟从苏轼。但是，既然信仰不同，又何必在《永昌观碑铭》中照着苏轼的调子唱一段“处士素隐，方士诞夸”，批评了“祭醮禳禁之科”，又来表彰搞符箓、醮祭的寂然子等“不知诞幻之说为何事”呢？这不是同徐琰一样，也陷入自相矛盾了吗？那么，是甚么原因使他们都陷入自相矛盾呢？这个问题，下章就来解答。

九 “志之所存，则求返其真而已”——读虞集《非非子幽室志》

从李鼎、徐琰、王恽、李道谦的文章，我们已经看惯了以苏轼《上清储祥宫碑》里那段议论为模式的文字，现在请读者再看另一段类似的文字：

> 汉代所谓道家之言，盖以黄老为宗，清静无为为本。其流弊以长生不死为要。……其后变为禁祝祷祈、章醮、符箓之类，抑末之甚矣。昔者汴宋之将亡，而道士家之说，诡幻益甚。乃有豪杰之士，佯狂玩世，志之所存，则求返其真而已，谓之全真。士有识变乱之机者，往往从之。门户颇宽弘，杂出乎其间者，亦不可胜纪。而涧饮谷食，耐辛苦寒暑，坚忍人之所不能堪，力行人之所不能守，以自致于道，颇有所述于世者不无也。为其学者，常推一人为之主，自朝廷命之，势位甚尊重，而溯其立教之初意，同不同未可知也。①

① 《非非子幽室志》，《道家金石略》，页796。

这是虞集（1272—1348）在顺帝至元五年（1339）为江西崇仁全真道士非非子余岫云（1280—1339）写的墓志中的一段。文中说的汴宋将亡时的道士家，无疑是指林灵素等人，而“豪杰之士”即王重阳。虞集是江西崇仁人，为元中叶大儒，历仕成、武、仁、泰定、文宗数朝，元统元年（1333）顺帝即位前谢病归乡里。《非非子幽室志》的撰写时间比王恽写《永昌观碑铭》晚了大约三四十年，但他们都认为全真道是北宋末年道教弊极（“诡幻益甚”）则变的产物。文中提到非非子力能致雨，也讲到非非子不赞成学道者必须出家：

> 郡中先有教人学道者，出妻子，破家产乃可。岫云曰：“非道也。复尔家室，治尔田畴，行人道之常，而不累于心可也。”①

虞集引出余岫云此话，表明他是赞同的。

虞集出生于王重阳去世百年之后，此文又撰于丘处机去世一百一十年之后，他对早期全真道不可能有很深了解，所言无非蹈袭前人，只是在谈到他那个时期的全真道“势位甚尊重”

① 《道家金石略》，页797。

时，感叹立教之初恐非如此（“同不同未可知也”）。过去陈铭珪引这段文字，止于“颇有所述于世”，① 用以证明早期全真人物的作为。陈垣则自“昔者汴宋之将亡”引起，迄于“同不同未可知也”，对这段文字作了过分的解读。陈垣说：

> 道园（虞集）生较晚，目睹全真末流之贵盛，而疑其与立教之初意不同，洵称卓识！……立教之初，本为不仕新朝，抱东海西山之意，何期化民成俗，名动公卿，束帛蒲车，相将岩壑哉。道园之所怀疑者此也。②

陈垣的话，前半部分无疑是对的，合乎虞集原意，后半部分则有傅会之嫌。我们已知，虞集此文写于1339年，距汴宋之亡已二百余年，距全真立教逾一百五十年，不仅时间距离甚远，而且朝代两经鼎革，虞集从何得知王重阳“抱东海西山之意”？虞集是宋丞相虞允文（1110—1174）五世孙，其父、祖都在宋朝为官。他本人生于南宋灭亡前七年，在与金同为异族统治的元朝当官三十多年。以自身这种情况，虞集怎么会去议论早期

① 《长春道教源流》卷一，页329下。
② 《南宋初河北新道教考》，页4。

全真教徒仕不仕新朝的问题呢?

虞集这篇《非非子幽室志》，离本文主题比较远。我把它扯进来，一是因为过去陈铭珪、陈垣都引它，陈垣还作过那么牵强的引申，需要澄清；二是希望读者知道，中统元年(1260)李鼎在《宗圣宫记》里所说的那段话，七十年后虞集在《非非子幽室志》中重述了相似的意思，显然它已成为那时捧全真者习用的套话。这样的套话既不符合历史的真实情况，也不反映套用者本人的看法。上章我已讲了王恽的真实看法，虞集的看法同王恽是一样的。《道家金石略》共收虞集文三十余篇，其中讲全真的只有五篇，其他是讲真大、太乙、正一的，尤以讲正一的为多。不看这些文章也能料到，一个老给正一道撰文的人，是不会轻视章醮、符箓的。他在《非非子幽室志》中称“禁祝祷祈、章醮、符箓之类抑末之甚矣”，无非是句套话。而全真道徒要的也就是套话，并非真想照着做。没有别人比道徒更清楚，章醮、符箓之类是他们的衣食之源，称之为“末”可以，但绝不能丢弃。① 懂得了这个道理，也就懂得了本文上两

① 讲到符箓、章醮，我想向读者推荐两篇文章，一篇是刘仲宇的《早期全真教仪式初探》，另一篇是张泽洪的《金元全真道斋醮科仪初探》，都发表于《道家文化研究》第二十三辑(北京，三联书店，2008年)。两文的某些观点我不尽赞同，但我深信两文足以推翻“全真不尚符箓”的说法。

章中讲的徐琰、王恽陷入自我矛盾的原因。是全真道门既要抓老子之道的美名，又要取符箓、方术的实惠，把徐琰、王恽这两个代言人推入了自相矛盾的境地。

十　“扶世立教”与“有宋之忠义”——读陈铭珪《长春道教源流》

陈铭珪，字友珊，广东东莞人。生于清道光四年（1824），咸丰壬子（1852）副贡生，后学道，为罗浮酥醪观住持。《长春道教源流》成于光绪五年（1879），陈铭珪在序言中说：“余中年感异兆，学道于罗浮酥醪观中。观为全真之龙门派，源出于邱长春。”他不是一般的全真教徒，而是丘处机的虔诚的崇拜者。《长春道教源流》实际上是一部资料长编，足有十五万字，资料搜罗既富，又有一些独到的评说，显示出陈铭珪具有较好的史学根基。这根基想是他早年的老师梁廷枏（1796—1861）给他打下的，也得益于同他交游的李文田（1834—1895）、李光庭诸人。梁廷枏是广东地方史的专家，著有《南汉书》、《南越五主传》。李文田是著名的元史、西北史地学家。李光庭也长于西北地理之学。他们的学术素养无疑会影响到陈铭珪。我们在《长春道教源流》中，既可以看到陈铭珪作为学者的客观态度，也可以看到他作为丘处机崇拜者的偏执立场。

这两个方面，在他探讨早期全真道的性质及全真道与方技的关系时，都有充分表现。这里先谈他怎样看待早期全真道与方技的关系。

陈铭珪把方技问题看成是“神异之迹”的问题，他在序言中就把问题提了出来。他说：

> 暇因考史册，并取《道藏》诸书核之，知长春之学深有得于《道德》要言，而无炼养、服食、符箓、禳禬末流之弊。……若夫诸师神异之迹，皆当时学士大夫所称述，兹亦录之。读者当究其真，而毋泥其迹焉可也。①

他一下子就把“神异”问题端在读者面前，末一句话几乎与刘祖谦《仙迹记》所说“学者斯闻大道，无溺于方技可矣”相同。

从刘祖谦到陈铭珪，时间相隔六百多年，在经历了鸦片战争的广东，读书人的眼界理应比金元之际中原地区的士人、道士开阔一些。而且，受乾嘉学派的影响，那时研读历史的人大抵知道一些考据的重要性。梁廷枏在著成《南汉书》以后，又

① 《长春道教源流·序》，页 326 下。

作《南汉书考异》十八卷。李文田的著作多以考证史实为主。从陈铭珪为《长春真人西游记》作的注释看，他也很重视考据。但是，如果事涉全真道创始人物的行迹，他的道徒立场就会驱走治学所需的客观态度，在这个时候，他的见识就会连刘祖谦都不如。且看他是怎样为早期全真道人物的神异之迹辩护的。

首先，陈铭珪相信王重阳等确有神异。例如，针对《金石萃编》卷一五八指《教祖碑》“叙重阳子示现神异之迹，大都皆本其法孙所陈事实，多羽流夸诞之词，不足深论”,[①] 陈铭珪举出王重阳向王玉阳“掷伞”一事反驳，称此事亦见于丘处机《磻溪集》，李志源、于善庆“皆长春弟子，所陈事实当得自长春，不尽诬也”（参看本文第一章）。为甚么得自长春的故事就“不尽诬”呢？难道丘处机讲的必是事实吗？很明显，这是用信仰来代替学术研究。

其次，针对有人说《教祖碑》“所纪多神异之迹，其所传授乃修养之法，有类于神仙家”，陈铭珪说：“《汉志》道家、神仙家虽别为二，然《史记》谓老子修道而养寿，朱子谓清静

---

① 《金石萃编》(4)，北京，中国书店影印，1985年，叶12B上。

无为却带得长生不死，此固未可强分。”① 这话初看还算有理，道家与神仙家的确不好截然分开。但是，把这些话用于全真道，问题就来了。陈铭珪好像忘了，自己在书的序言中已经讲过“长春之学深有得于《道德》要言，而无炼养、服食、符箓、禳禬末流之弊”，明明把道家（实为道教）与神仙家作了分割，怎么到了正文里又说“未可强分”呢？如果“未可强分”，道家是否也有神仙家“末流之弊”呢？

其三，针对过多的神异之迹引起人们对王重阳以全真名教的怀疑，陈铭珪又讲了一段话：

> 余尝谓重阳以全真名教。庄子曰：真者，精诚之至也。至诚则能动物，至诚则能前知，儒者固言之。此碑所载大约前知、动物之事为多，而其用意则缘于扶世立教，于重阳何疑焉。②

话说到这里，陈铭珪终于用动机（“用意”）是好的来为本教创始人搞了那么多的神异之迹辩护。他的意思是，既然王重阳

---

① 《长春道教源流》卷一，页 335 下。

② 同上。

们立教的“用意”是“扶世”，人们就不应该再有怀疑了。很清楚，陈铭珪企图用历史上全真道惯用的权智说来摆脱别人的诘难。本文第三章讲过，权智说的功效之一就是用目的的正当性来为不正当的手段辩护，现在在陈铭珪这里又找到一个例证。

由于“七真”传记中以王玉阳的神异之迹最多，陈铭珪在引了姚燧写的王玉阳道行碑之后，针对有人“疑此乃方技家，非老子之学”，又作了一番辩护。他引《列子·周穆王》中老成子学幻于尹文的故事，声称“老子非不能幻者”，以证明王玉阳“七岁死而复生，由是若知死生说”是真事。又引《庄子·田子方》中伯昏无人“登高山，履危石，临百仞之渊，背逡巡，足二分垂在外”的故事，来证明王玉阳“俯大壑，一足跂立”与伯昏无人无异。陈铭珪最后还是把问题归结为“重阳与玉阳诸真当时以此为扶世立教之资，故略著神异”。① 陈铭珪是19世纪的全真教徒，是彻底的有神论者，看到他拿寓言、神话当真事来作辩护，我倒觉得不失为一种信仰上的忠诚，但靠这种忠诚，是不能获得事情的真相的。

由于时代的进步，陈铭珪为早期全真道神异之迹所作的辩

① 以上分见《长春道教源流》卷一，页344上，下。

护，对后世学者影响有限，倒是他的王重阳为“有宋之忠义”的说法，在20世纪八十年代以前颇为流行了一阵，至今仍有潜在的影响。

陈铭珪称王重阳是“有宋之忠义”，主要根据有两条。一条是说王重阳年青时应的是宋朝的科举考试，宋亡后因愤激而“日酣于酒”、“害风”、“佯狂”。[①] 二是元朝的商挺（1209—1288）写过一首《题甘河遇仙宫》诗，其中有“重阳起全真，高视仍阔步。矫矫英雄姿，乘时或割据。妄迹复知非，收心活死墓”等句，陈铭珪乃释“乘时或割据”为“曾纠众与金兵抗”。[②] 陈铭珪的两条根据，经郭旃、[③] 郑素春[④]二位细加辨析，都被证实是站不住的。我没有甚么具体材料可以补充，但我从陈铭珪的论证中看到一点史料以外的东西，想提出来供读者考虑。

甚么是“忠义”，怎样的人可以称为“忠义”，这是有一定的时代标准的。“忠义”可以指忠于君王，也可以指忠于国家

---

① 以上分见《长春道教源流》卷一，页338上，339上。

② 同上书卷一，页339下。

③ 郭旃《全真道的兴起及其与金王朝的关系》，《世界宗教研究》1983年第3期，页99—105。

④ 郑素春《全真教与大蒙古国帝室》，台北，学生书局，1987年，页7—8。

或民族，但被称为“忠义”者必须具备行动，仅有思想感情上的眷恋是不足以称“忠义”的。这个标准，只要看看历代正史中的《忠义传》就能明白。从金到清这个标准没有多大变化。陈铭珪本是儒生，又具一定的史学修养，他不会不明白。但他把“忠义”加给本教教祖时，却没有认真衡量王重阳的实际行动。试想一下，就算王重阳参加了宋朝科举，宋亡后又“佯狂”、“日酣于酒”，那就够得上“忠义”了吗？而释“割据”为“纠众与金兵抗”，熟读史书的陈铭珪能不知道这有多么牵强吗？而且，“忠义”还须是坚持始终、至死不渝的。而商诗紧接在“割据”之后的诗句便是“妄迹复知非，收心活死墓”。按诗的原意，“妄迹”两句表达的是对“割据”的反悔。如果接受陈铭珪的解释，这两句就成了王重阳反悔抗金的证据，那还有甚么“忠义”可言？这大概是陈铭珪始料未及的。

其实，不管王重阳早年经历如何，他在创教后认同金的统治，是无可怀疑的事实。我们在《重阳全真集》中可以读到这样的诗句：“道门好入时时重，王法须遵可可奢”① （很抱歉，

① 《重阳全真集》卷一〇《吃酒赌钱》，《王重阳集》，济南，齐鲁书社，2005 年，页 143；又见《道藏》(25)，页 742 上。

我不懂“可可奢”的意思)，“遵隆国法行思义，谨守军门护甲戈”，[1]“足知王喆得因缘，会要修持遵国法”。[2]“王法”、“国法”只能是金朝的法。“谨守军门”一句，还透露了王重阳的侄子是金的军人。这些诗句，陈铭珪不可能没有读到，但他仿若未见，一定要把“有宋之忠义”这顶高帽给王重阳戴上，好让王重阳在世俗道德上也臻于完美。从这里可以看出，陈铭珪晚年虽然是出家的全真道徒，仍然守着儒家的道德观。

“有宋之忠义”的提出，使后世研究全真道的学者非常关注早期全真人物的政治倾向，由此产生了陈垣的“遗民”、“逸民”说和姚从吾的“民族的救星”说。

十一 “遗民”、“逸民”、“隐修会”——读陈垣《南宋初河北新道教考》

陈垣这本书著成于 1941 年，晚《长春道教源流》六十余年。篇幅不大，约为《长春道教源流》的一半，讲了全真、大道、太一三个教门（请注意，都是被耶律楚材列为“老氏之

---

① 《重阳全真集》卷一〇《赠侄》，《王重阳集》，页 147；又见《道藏》(25)，页 743 下。

② 同上书卷一〇《欲东行被友偷了引相留》，《王重阳集》，页 156；又见《道藏》(25)，页 746 下。

邪”的)，以全真为主。看得出来，在对王重阳的看法上，陈垣受了点陈铭珪的影响。但他没有苟同陈铭珪的“有宋之忠义”说，而是把王重阳归入“汴宋遗民”，并称王重阳为“逸民”，称初兴的全真道“不过‘苟全性命于乱世，不求闻达于诸侯’之一隐修会而已”。[①]“忠义”不合王重阳的情况，“遗民”、“逸民”、“隐修会”就合乎王重阳及初期全真道的情况吗？我们先从“遗民”说起。

陈垣在书序的开端就说：

> 右三篇四卷廿三章，都七万余言，述全真、大道、太一三教在金元时事。系之南宋初，何也？曰三教祖皆生于北宋，而创教于宋南渡后，义不仕金，系之以宋，从其志也。靖康之乱，河北黉舍为墟，士流星散，残留者或竟为新朝利用，三教祖乃别树新义，聚徒训众，非力不食，……固汴宋遗民也。[②]

“遗民”一词有多义，现今通用的《汉语大词典》“遗民”条列

① 《南宋初河北新道教考》卷一，页2。
② 同上书目录，页3—4。

出释义六种，其中第二义项为“改朝换代后不仕新朝的人”。显然，陈垣是在这个含义上使用“遗民”一词的。但使用这个词的人都明白，“不仕新朝”指的是本人立志不仕，绝不包括愿仕新朝而未遂的人。因此，“汴宋遗民”是否适用于王重阳，要看他早年应的是哪朝的科举。只要王重阳应的是刘豫或金朝的科举，则从他报名应试之日起，就丧失了“汴宋遗民”的资格。我想，这个道理在陈垣那里也是不言自明的。陈垣信了陈铭珪的王重阳应北宋科举之说，故而列王重阳为“汴宋遗民”。假如当年有人作出郭旃、郑素春那样的辨析，我相信，陈垣看了自会另作考虑。“遗民”一词本身不会给今天的研究者造成困惑，造成困惑的是陈垣给“遗民”追加的许多属性。

陈垣在书中引了徐琰《郝宗师道行碑》的一大段话（这段话本文第七章已全部引出），接着便说：

> 全真不尚符箓烧炼，而以忍耻含垢苦己利人为宗，此遗民态度也。谓其合于老庄，殆遁而之老庄耳。①

这段话引起我下列一串疑问：

① 《南宋初河北新道教考》卷一，页3。

第一，尚不尚符箓烧炼是宗教信仰问题，仕不仕新朝是政治态度问题，两者没有内在的关联，为甚么要把不尚符箓烧炼说成是遗民态度？南宋灭亡后江南颇有一些遗民遁入天师道和茅山宗，这两个教派都尚符箓烧炼，是否遁入其门者都不算遗民？何况如今我们已知，全真道并非不搞符箓。

第二，陈垣是把全真、大道、太一三教教祖都看作遗民的。既然他认为“全真不尚符箓烧炼”是遗民态度，就应该一以贯之，用同样的标准来衡量大道、太一两教。可是，他又明确指出：“太一与全真、大道殊异者，全真、大道不尚符箓，而太一特以符箓名，盖以老氏之学修身，以巫祝之术御世者也。”① 这样说来，尚不尚符箓与是不是遗民又是不相干的。陈垣不知不觉间陷入自相矛盾的境地。

第三，遗民必然是忍耻含垢、苦己利人的吗？显然不是。所谓忍耻含垢，基本上是一种心态。有各种各样的遗民，也有各种各样的心态。有的遗民不仅不忍耻含垢，还活得很傲气。宋元之际的谢枋得（1226—1289）就是一例。他是宋理宗宝祐四年（1256）进士，德祐元年（1275，元世祖至元十二年）知信州（今江西上饶），抵抗元兵。次年信州失陷，枋得负母弃

① 《南宋初河北新道教考》卷四，页112。

家入闽，寓居建阳，“隐于卜”，过了十余年遗民生活。自至元二十三年起屡遇元朝官员聘举，枋得不是婉拒就是痛斥。至元二十六年（1289）被强征至大都，不屈绝食死。[①] 枋得是把投顺元朝看作耻和垢的。这样的遗民，历代王朝灭亡后都有可能出现，甚至同新旧王朝和遗民本人的民族归属无关。例如，元朝灭亡后，在汉族儒生中照样出现了一批元遗民，其中有一个在元中举当官的茶陵（今属湖南）人李祁，汉族，入明后自称“不二心老人”，“以弗仕为心”，作文记事不用洪武年号，也是很傲气的。[②] 可见，笼统地把“忍耻含垢”说成是“遗民态度”，实在欠妥。至于“苦己利人”，更非遗民特征，否则各式各样的遗民都成了品德高尚的人了。其实有些遗民是应该受到历史的批判的。

第四，陈铭珪称王重阳为“有宋之忠义”，只是指王重阳个人，非指全真教门。陈垣却把“遗民”一词泛加于全真教门，离历史真实就更远了。王重阳本人是在北宋统治下成长的，单就年龄讲，也还有可能是北宋遗民，他的七大弟子则绝无可能。北宋亡于1126年，这年孙不二才八岁，马钰、谭处端

① 李源道《文节先生谢公神道碑》，《叠山集》卷一六，四部丛刊续编本，70册，上海书店影印，1985年，叶7B—10B。

② 参看拙作《刘基事迹考述》，北京图书馆出版社，2004年，页136。

四岁，郝大通、王处一、丘处机、刘处玄四人都出生于1140年以后，说他们对异族统治不满或许可以，说他们是“汴宋遗民”则完全沾不上边。从史料中我们看不到王重阳有甚么遗民意识，也看不到他向弟子们灌输过遗民意识，“七真”的“遗民态度”从何而来？如果他们真抱有遗民态度，为甚么大定、承安间王处一、丘处机、刘处玄先后接受了金世宗、章宗的召见，世宗死后丘处机还以方外身份“重念皇恩”，“谨缀《挽词》一首”呢？①

第五，陈垣之“遗民”说最失严谨之处，是把由靖康（1126）至贞祐（1213—1216）九十年间之事混而不分。他先说：

> 况其（全真）创教在靖康之后，河北之士正欲避金，不数十年又遭贞祐之变，燕都亡复，河北之士又欲避元，全真遂为遗老之逋逃薮。②

这段话相当混乱：（一）王重阳“甘河遇仙”在正隆己卯

① 《磻溪集》卷三，页42；又见《道藏》(25)，页823下。

② 《南宋初河北新道教考》卷一，页15。

(1159)，距靖康三十余年，已非“河北之士正欲避金”之时。(二)由正隆己卯到“燕都亡复”(1215)相隔五十五年，“又欲避元”的河北之士要说是遗民的话，只能是金遗民，绝对扯不上是“汴宋遗民”。可是，在同书的卷二，又出现了类似的话语。陈垣称赞元国子助教陈绎曾，说他“能窥全真立教之微旨，盖隐然以汴宋之亡，欲与完颜、奇渥温氏分河北之民而治也”。这里又把相距近百年之事扯在一起了。陈垣引陈绎曾的《重修集仙宫记》为据，这里照引如下：

> 予闻全真之道，以真为宗，以朴为用，以无为为事，勤作俭食，士农工贾，因而器之，成功而不私焉。质而不俚，文而不华，灏灏乎三皇之风，非所谓大道者耶。在金之季，中原板荡，南宋孱弱，天下豪杰之士，无所适从。时则有若东平严公，以文绥鲁；益都李公，以武训齐。而重阳宗师、长春真人，超然万物之表，独以无为之教，化有为之士，靖安东华，以待明主，而为天下式。

据《道家金石略》所录全文，陈绎曾此文撰于文宗至顺元年

(1330) 八月，题作《增修集仙宫记》,[①] 与陈垣所记有一字之差。文中的“东平严公”指严实（1182—1240)。“益都李公”，陈垣说是指李恒（1236—1285)，这明显错了。李恒出生于金亡以后，他的活动时间在元世祖中统、至元年间，主要事迹是南下伐宋，完全谈不上“以武训齐”。在金、蒙易代之际受职于蒙古，并能与严实齐名的“益都李公”，只可能是李璮。1231 年李璮在其父李全被宋军袭杀后继职，蒙古以他治益都行省，专制山东三十年。中统三年（1262)，李璮举兵反蒙，战败，被蒙军俘获处死。事隔七十年，李璮为何还能受到陈绎曾的表彰，这是需要做些解释的。但无论怎样解释，都改变不了“益都李公”是指李璮的事实。此外，陈绎曾谈金季之事，把“重阳宗师”也拉进来，同样是令人费解的。不过，这两件事对本文都不重要，重要的是陈绎曾是否像陈垣说的那样，“能窥全真立教之微旨”？其实，这个问题的答案是现成的，只要顺着陈垣的引文往下读，便能获得。陈垣的引文止于“以待明主，而为天下式”，而陈绎曾接着就说：

有元之兴，鲁士以文辅太平之治，齐人以武致勘难之

① 《道家金石略》，页 783。

勋，长春真人最为先知天命之归，入觐太祖，功在宗庙，惠及万世，斯其尤盛者也。

这段被陈垣舍弃不引的文字，再清楚不过地表达了陈绎曾的看法。他说的“明主”（《道家金石略》作“真主”）是指成吉思汗，他表彰的是丘处机对“有元之兴”的功绩。所谓“全真立教之微旨”，完全是陈垣本人的看法，同陈绎曾毫无关系。那么，全真真有那样的立教微旨吗？还是排一下时间吧。众所周知，全真立教在金大定年间，王重阳去世之年（1170 年）成吉思汗仅七岁，再过三十六年方有大蒙古国，1211 年蒙军始入汉地河北。显然，在 1210 年以前，在金统治下的汉人绝不可能产生与金、蒙分治河北的想法，全真自不例外。这种想法如果确曾有过，也只能产生于 1211 年以后。但是，全真在 1211 年已立教四十余年，此时产生的想法还能称作“立教之微旨”吗？如果一定要称，请问此前的立教之旨是甚么？真不知陈垣当年是怎样想的，而他竟然还把这种看法推说是陈绎曾之见！

“遗民”说完全是陈垣的一家之言，前人（包括徐琰、陈铭珪）都没有这样说过，所以陈垣在书的前言和 1957 年写的《重印后记》中一再强调前人忽略了（原话是“大忘”、“忽之”）这一点。而他发觉了这一点，是有感于时事的结果。

《重印后记》说：

> 此书继《明季滇黔佛教考》而作，但材料则早已蓄之三十年前，……藏之箧衍久矣。芦沟桥变起，河北各地相继沦陷，作者亦备受迫害，有感于宋金及宋元时事，觉此所谓道家者类皆抗节不仕之遗民，岂可以其为道教而忽之也。因发愤为著此书，阐明其隐，而前此所搜金元二代道教碑文，正可供此文利用，一展卷而材料略备矣。①

陈垣的说明是可以理解的，但就学术论学术，遗民说终究是不能成立的。古今异境，对一个历史学者来讲，以古人自况是件有风险的事，处之不慎，既有损于史学的客观性，也会使自己陷入困境。

与遗民说相比，“逸民”、“隐修会”之说的错误比较容易识别。“逸民”、“隐修会”实际上都含一个“隐”字，不同的是，“隐修会”的“隐”字是显露在外的，“逸民”的“隐”字是潜藏的。《汉语大词典》释“逸民”为“遁世隐居的人”，可为一证。王重阳师徒给自己编制了那么多异迹，就是要赚取世

① 《南宋初河北新道教考》，页154。

人的注意和崇拜。刘祖谦《仙迹记》说王重阳“虑夫大音不入俚耳，至言不契众心，故多为玩世辞语，使人喜闻而易入。其变怪谈诡，千态万状，不可穷诘”。[①] 王重阳深怕俚众不知道他的存在，哪有一丝“隐”的意思。

大概是写作动机所致，陈垣这本以宗教题名的书，对三教的宗教特质不仅讲得少，而且前后讲法常出矛盾。例如，对早期全真道大搞方技、自我神化的行为，陈垣主观上是想回避不谈。他在书的卷二上淡淡地说：“异迹凡宗教家皆有之，或出情感，或出附会，或出迷信，今不必述。”[②] 可是，客观上这是回避不了的，于是在书的同卷，他在引了王磐的一段话[③]之后，不禁说出下面这段话：

> 夫全真之兴，其初不过欲溷迹嚣埃、深自韬晦，以俟剥复之机而已，岂期巫祝之术，为幼稚民族所欢迎，竟得其国王大臣之信仰，尊之以宗师，崇之以冠服，侈之以宫观台榭，如是其盛乎！[④]

---

① 《道家金石略》，页 461。

② 《南宋初河北新道教考》，页 37。

③ 王磐的话，本文第七章页 34—35 已经引出，请参看。

④ 《南宋初河北新道教考》，页 68。

这段话包含很多问题，诸如“其初”迄于何时，世宗大定末之全真是否还在“深自韬晦”等等，本文不能逐一讨论，只谈所谓“巫祝之术”。

全真受蒙古国王信仰，始于1222年丘处机晋谒成吉思汗，随后便获“神仙”之尊，宫观之赐。陈垣对丘处机西行一举评价是很高的，在其书卷一称赞“丘处机之止杀，岂非泽及天下乎”；又说“处机诚有功于民矣”。[①] 他对“全真不尚符箓烧炼”（请注意，这是陈垣自己的话）也深表赞许，怎么就突然判定丘处机搞的是“巫祝之术”呢？当然，丘处机搞的是不是巫祝之术，是可以讨论的；搞巫祝之术的人也未必不能有功于民，但连符箓烧炼都不尚的人，如何再说他搞巫祝之术呢！同是陈垣的见解，我们相信哪一种呢？

十二　“万民的生佛，民族的救星”——读姚从吾《金元全真教的民族思想与救世思想》

姚从吾这篇文章，[②] 我闻名已久，但过去只是在别人的引文中看到它的一些片段，直到今年春间才读到全文。初读之后，了

① 《南宋初河北新道教考》，页13。

② 姚从吾《金元全真教的民族思想与救世思想》，载《东北史论丛》（下册），页175—204。

解到这篇文章在陈铭珪、陈垣的基础上把早期全真教的历史作用拔到一个新的高度。再读一遍，方始认识到它是今日流行于全真道研究中的某些观点的源头。与陈铭珪、陈垣的著述相比，姚文没有增添甚么新资料，但其观点鲜明，影响不小，虽在五十年后的今天，仍然值得一读。下面评说姚文的几个要点。

（一）关于王重阳创教的原因。姚文说：“金朝是异族侵入中国，……创立全真教的王嚞、邱处机，不但是贤者避世，而且有反抗异族，保全汉族文化的积极行动。”又说：“重阳王真人创立全真教的原因，……是由于从事爱国运动的失败。”又说全真、大道、太一三教创立之举是“独善其身，不事异族。用现在的话说，就是具有民族思想，保存民族的人格，不当汉奸，不与外族合作”。[①]

按，姚文所说“爱国运动”的根据，仍然是前引商挺诗中那句“乘势或割据”。陈铭珪将“割据”提升为“忠义”，姚文再由“忠义”拔为“爱国运动”，这样一来，下句的“妄迹复知非”又成了对“爱国运动”的反悔。王重阳不是愈拔愈高，而是愈拔愈糟糕了。至于“不当汉奸，不与外族合作”这样的话语，简直是不给丘处机留有余地，因为丘处机既助金廷平息

① 分见《金元全真教的民族思想与救世思想》，页175，176，183。

过山东红袄军起义，也为成吉思汗招谕汉地人民降蒙，这不是与外族合作又是甚么？如果与外族合作便是汉奸，丘处机岂不成了双料汉奸？这样的结论当然不是姚文所需要的，但这样的逻辑却是姚文本身制造的。

（二）关于全真道的宗教性质，姚文说："全真教主张儒释道合一，目的既不在宣扬传统的道教，或者有保存全民族传统思想的意味。"又说："全真教是主张三教合一的。他既不教人祈祷念经，也不教人炼丹画符，而只教人诵读道德清净经、心经、孝经，实在有保存三教精神（汉族文化）的意思。"又说："全真教既不主一教，不专假借老氏的招牌，又不炼丹画符，以鬼神惑人，焉得说是老氏之邪？耶律楚材可以说是完全不了解王重阳邱长春一派所主张的全真教。"又说："全真教不是宣传道教，而是利用道教的名义，对金初外族的压迫，有所补救。从消极方面说，道儒释三教并重，劝人读道德清净经、心经、孝经，使人略知道，我祖我宗在信仰上沿袭遵守的精神。从积极方面说，可以救济众生，使文士有所隐避，外族的摧残可以减轻。"①

按，以上姚文的几段话是不好懂的。例如，先已说了王重阳"不教人祈祷念经"，接着又说"只教人诵读道德清净经、

① 分见《金元全真教的民族思想与救世思想》，页180，181。

心经、孝经”。是“诵读”不算“念”呢，还是此三经不算“经”呢？又如，前面讲了全真教“不专假借老氏的招牌”，后面又讲它“是利用道教的名义”，“利用名义”与“假借招牌”能有多大差别？而且，全真教如果真是利用道教的名义而不宣传道教，从道教的角度看，它即使不算邪，也是算不了正的。而姚文又是坚决反对耶律楚材称全真教是“老氏之邪”的，它斥楚材“是意气用事”，怎么自己也向楚材靠拢了呢？姚文的这类逻辑混乱，使人读后如坠云里雾中。

当然，姚文也有毫不含糊的地方，那就是彻底否认全真道搞炼丹画符和以神鬼惑人，也否认王重阳搞了神异故事。姚文说：“至于他（王重阳）的仙迹和全真教的道统，在我们看起来，都是后人的追增或附会。”① 的确，全真教的道统有一部分是后人搞出来的，但不“都是”。同钟离权、吕洞宾、刘海蟾的关系，就是王重阳亲自挂靠上去的。“汉正阳兮为的祖，唐纯阳兮做师父。燕国海蟾兮是叔主，终南重阳兮弟子聚”。② ——王重阳这首《了了歌》就是一证。至于王重阳等搞炼丹画符、神通应物，那是有大量史料记载的，怎能不说理由就予以否认呢？姚

① 分见《金元全真教的民族思想与救世思想》，页 176。

② 《重阳全真集》卷九，《王重阳集》，页 129；又见《道藏》(25)，页 736 上。

文在不少问题上追随陈铭珪，惟独在王重阳的“仙迹”上一反陈铭珪的辩护态度，索性推个一干二净，令人难以理解。不过，人们还是可以思考一下，一个王重阳的“仙迹”问题，从陈铭珪承认“仙迹”之实有并为之辩护，中经陈垣的回避不谈，再到姚从吾的断然否认，这样的转折究竟给了我们怎样的启示。

(三) 关于全真道对中华民族的第一贡献。在讲这个问题之前，我要先声明一点：姚文只讲了“全真教对于中华民族的第二贡献，是邱处机劝止成吉思汗的滥杀与救济人民”，没有出现“第一贡献”字样，想是姚氏漏说了。现在我要讲的第一贡献，是从姚文的意思体味出来的，如果讲错了，责任在我。我体味姚文想说的第一贡献是指王重阳“保全汉族文化”。与此类似的话语有“保全民族文化”、“保存全民族传统思想”、“保存三教精神(汉族文化)”、“具有民族思想，保存民族的人格”，等等。说得最明白的一句是：“邱处机的保全民族生命，与王嚞的保全民族人格，就对于中华民族史的贡献说，功德相等。”① 既然是两者贡献相等，则第一贡献非王嚞的保全民族人格莫属。话的意思是看明白了，但还应该弄清楚姚文认为王重阳是通过甚么办法来保全民族文化或民族人格的？我反复在姚文中寻找答案，最

① 分见《东北史论丛》(下册)，页175，176，180，183，199。

后终于找到一个，那就是创立“道儒释三教并重”的全真教，“劝人读道德清净经、心经、孝经”。[①] 这个答案看似简单，里面却包含着一连串问题。例如，全真道真是“三教并重”吗？《道德清净经》、《心经》、《孝经》能代表道、释、儒三教精神吗？三教精神能体现汉族文化或汉族人格吗？推广诵读三经，见到成效了吗？如已见到成效，表现在哪里？如果未见成效，“贡献”又在何方？这一连串问题，姚文均无说明，本文也不想一一追究。我只想告诉感兴趣的读者，可以把三经找来一阅，自求答案。须知三经不长。《心经》译自梵文，唐朝玄奘的译文仅二百六十字。《道德清净经》简称《清静经》，经文不足四百字。最长的是《孝经》，也只有一千八百字。三经相加才二千五百字。按完颜璹《教祖碑》的记述，王重阳不过是三教各取一经，劝人诵读，“云可以修证”。[②] 经姚文往上一抬，此举竟成了对中华民族史的一大贡献，实在是匪夷所思。

---

① 分见《东北史论丛》(下册)，页181。

② 《道家金石略》，页452。按，现今有的研究者将《教祖碑》提到的“道德清静经”理解为《道德经》和《清静经》两经。这样的理解有一定的理由，因为保存在《道藏》中的多种版本《清静经》未见有加“道德”两字的，而《仙迹记》则说重阳“凡接人初机，必先使读《孝经》、《道德经》”，没有提到《清静经》。这个问题不好解决。我这里暂依姚从吾的点读，视《道德清静经》为一经，即《清静经》。

而且，姚文的说法与金代女真族重视汉族文化的事实完全相悖。女真族南下后，相当快地接受了汉文化。太宗天会元年(1123)，始行科举，以词赋、经义取士。熙宗在位时期(1135—1149)，在上京（今黑龙江阿城南白城子）建孔子庙。《金史·熙宗纪》记载，皇统元年（1141）二月“戊子，上亲祭孔子庙，北面再拜。退谓侍臣曰：‘朕幼年游佚，不知志学，岁月逾迈，深以为悔。孔子虽无位，其道可尊，使万世景仰。在凡为善，不可不勉。’自是颇读《尚书》、《论语》及《五代》、《辽史》诸书，或以夜继焉”。[①] 继熙宗之后即位的海陵王完颜亮也是汉文化修养比较高的，能以汉文赋诗。太宗、熙宗、海陵王是王重阳创教前的三个金朝皇帝，仅举以上数事就足以说明汉文化在金代前期已经受到尊重，更不用说在后来的世宗、章宗朝了。可是，在姚文中，女真族传承汉文化的业绩全不存在，汉文化就等王重阳及其创建的全真道拿着三份小经来“保全”了。我怎么也想不通，熟读《金史》的姚从吾先生竟会有这样的怪论。[②]

---

① 《金史》卷四，北京，中华书局，1975年，页76—77。

② 在《东北史论丛》（下册）的另一篇文章《丘处机年谱》里，姚从吾说：“后来女真建立金朝，无条件的接受了中原汉族的文化。”（页251）可见姚从吾不是不知道金朝继承汉文化的事实。

（四）关于丘处机的历史贡献。“万民的生佛，民族的救星。”① ——这是姚文给丘处机的评语。中华民族历史上伟人不少，但我记不起来有哪个20世纪以前的人被推崇到这样的高度。姚文给丘处机的评价，甚至高出陈铭珪所给，但根据还是《长春道教源流》援引的那一些，述事的随意程度则超过《长春道教源流》。例如，姚文先讲蒙、金战争的残酷，说“成吉思汗父子的凶悍，更甚于耶律阿保机与耶律德光”。及至讲丘处机进言止杀之后成吉思汗的反应，便改口说：“久征惯战的蒙古可汗，至此已是六十以上的老翁，喜闻养生之道，乐听信好生止杀之劝；由是罢兵休息，班师东归，应当也是很近情理的。”② 在同一篇文章里，仅仅相隔五页，成吉思汗就从残酷凶悍变为“乐听信好生止杀之劝”。如此写来，未免过于随心所欲。用成吉思汗东归来证明丘处机建言止杀的功效，是陈铭珪的发明，但他仅说“当时太祖班师，实因长春劝以止杀使然”，③ 没有再在成吉思汗身上多着笔墨。姚文既然讲成吉思汗“乐听信好生止杀之劝”，人们就要问，丘处机当年为何不劝成吉思汗撤出汉地北归？

---

① 《东北史论丛》（下册），页199。

② 同上书，页187，192。

③ 《长春道教源流》卷二，页364上。

姚文是有影响的，其影响就在它随意拔高丘处机和全真道的历史地位。这个影响，至今未已。

结 语

这篇文章在写了十二章之后应该告停了。这并非因为再往下写已无话可讲，而是因为再讲下去篇幅过长，文体也必须改变，何况在材料的分析研究上我还没有准备好。近三十年来，国内出版的研究金元全真道史的著述，为数相当可观，仅我个人搜集到的论文、专著已逾六十种。消化这些著述是要花很多时间的，不能囫囵吞枣，草率从事。

在结束本文的时候，我想谈一点感想，是关于怎样对待史料的。七十年前，陈垣先生著《南宋初河北新道教考》，讲到金元全真道史研究的一个有利条件，即史料非常丰富。他说：

> 全真史料，所在皆有，与大道、太一不同。余昔纂《道家金石略》，曾将《道藏》中碑记，及各家金石志、文集，并艺风堂所藏拓片，凡有关道教者，悉行录出，自汉至明，得碑千三百余通，编为百卷，顾以校雠不易，久未刊行。其金及元初部帙，十之一属道教旧派，十之二属大道、太一，十之七皆属全真。……故今考全真，即以此书

> 为基本史料，只患选择不精，考订不审，组织不密，不虞史料阙乏也。且前有《甘水仙源录》、《祖庭内传》，近有《长春道教源流》，皆全真旧史，足供参证。①

《道家金石略》经陈智超、曾庆瑛两位校补，于1988年出版，现今已是道教史研究者的必读书。全书正文一千三百余页，金元全真道部分约占四百页，计五十余万字，分量可谓重矣。如果考虑到另有一批不属于金石文字的金元全真史料尚存于世，则今人可以读到的金元全真史料当有百万字左右。难怪陈垣认为，研究全真道史“不虞史料阙乏也”。

然而，史料的阙乏与否，只能相对而言。单是一个王重阳的生平事迹，就存在许多空白点，使研究者感到史料不足，何论其他。因此，准确地讲，我们可以承认金元全真道史料丰富，但不可言其不缺。

面对丰富的史料，研究者需要注意甚么呢？陈垣从史料的选择、考订、组织这三个方面提出了要求。这无疑是对的，但也是远远不够的。作为一个富有经验的历史学家，陈垣在写《南宋初河北新道教考》的时候，是对史料做了一些选择、考

① 《南宋初河北新道教考》，页1—2。

订、组织工作的。但是，正如我们已经看到的，这本书留下了许多缺憾，其主要论点是不能成立的。原因在哪里？我想原因就在他以古人自况。从他书中出现的种种问题看来，他的遗民说不是产生于认真研读全真史料之后，而是产生于研读史料之前。先入之见支配了他对史料的选择、考订和组织。他只顾从史料中摘取自己需要的话语，没有准确、全面、客观地研读所引史料的原文，也没有深入了解该文作者的状况，由此造成了不少失误。我这样讲，并不是说史学工作者在每项研究开始的时候不能有任何先入之见，而是说应该全面、客观、准确地审读和分析史料，在从史料的研究中取得确凿的事证以后，还要用事证来检验自己的见解，切勿让自己的主观之见支配取证工作。

因为读今人著述，感到随意对待史料的风气愈来愈盛，故而书此一笔，以提醒年青的史学工作者。

2010 年 8 月完稿于温哥华

（本文原载《中华文史论丛》2010 年第 4 期）

丘处机“一言止杀”三辨伪

——兼评赵卫东《丘处机“一言止杀”辨正》

一　不得不说的前言

2011年初夏在北京，国家图书馆的李际宁先生告诉我，网上有篇文章指名与我商榷。随后应我请求，李先生将该文下载给我，这就是赵卫东先生写的《丘处机“一言止杀”辨正》，其副题作《兼与杨讷先生〈丘处机“一言止杀”再辨伪〉一文商榷》(下简称赵文)。该文原载于2008年出版的一本学术会议论文集《丘处机与全真道》，[①] 但我迟迟未闻；等我读到网上的文本时，该书出版已近三年。虽然时隔已久，我并不急于回复，因为网上的文本不载页码，不宜作为回复的依据，我必须阅读原书。那时国家图书馆未入藏该书，我便请友人帮助寻

① 《丘处机与全真道》，北京，中国文史出版社，2008年，页127—143。

觅。几个月以后终于买到一本，可是我已经在为出版自己的论文集做准备，无暇顾及其他。2012 年 5 月我结束了论文集的工作，这才开始认真阅读赵文。这段经历表明，我的回复虽然让赵先生久等，但非有意怠慢。好在像“一言止杀”这样的古老话题早晚都可以评说，不比政论文章要讲求时效。

如其副题所示，赵文针对的是我在 2007 年发表的那篇文章。[①] 那篇文章指名批评了当时出版未久的《全真七子与齐鲁文化》（下简称《全真七子》）一书中讲述丘处机西行的章节。[②] 赵先生是这些章节的主要执笔人，他提出与我商榷，照理我是应该响应的。但是，我在细读了他的文章以后，对于要不要同他商榷，不禁犹豫起来。犹豫的原因有四。一是赵文言词闪烁，说法游移多变，在最重要的问题上竟然作出两种互相牴牾、不可并存的判断，违反了逻辑学的不矛盾原理，使人无法确定他究竟主张甚么。二是赵先生在论证过程中转移论题，违反了逻辑学要求的在论证过程中论题应该始终同一的规则。三是赵文论据每每不实，谬误太多。其中诸如时间颠倒、空间移位、歪释词语、曲解人言等问题，如果不予揭出，则商榷无

① 《丘处机“一言止杀”再辨伪》（下简称《再辨伪》），载《中华文史论丛》2007 年第 1 期，页 283—326。

② 《全真七子与齐鲁文化》，济南，齐鲁书社，2005 年。

法进行；如果都予揭出，有些又够不上商榷的层面。四是赵先生的文章持有明显的信仰主义立场，我作为一个史学工作者，与信仰主义是不同道的。在我看来，商榷的目的是求同，因而是同道者之间的事。至于不同道者之间，则如孔子所言，是“不相为谋”的。既然不相为谋，各说各话就是了，何需商榷。在学术领域内，人们都有批评与反批评的权利，不必借商榷之名行批评与反批评之实，给人以不同道者也能勉强求同的假象。考虑了以上四点，我决意不同赵先生搞商榷，代之以直截了当的批评。我这样做当或不当，读者尽管随意评说，我将洗耳恭听。

文章是2013年4月基本写就的，其后又有所润饰和改动，中间还经历了丧妻之痛，故而延迟至今才拿出来发表。过去也写过类似的文章，但从未像现在这篇写得这么费力。究其原因，主要是自己年岁老迈，记忆力和理解力衰退。其次是探索的问题复杂琐细，必须反复核对材料，思想也需跳跃式地跟进，否则便会脱节失序。推想读者在读本文时也可能遇到同样的麻烦，故而在此吁请读者准备足够的耐心，以读完此篇。谨致谢忱。

二　一个论题，两样判断——成吉思汗究竟止杀了没有？

凡是读过《全真七子》一书的读者，想必不会忘记该书给予丘处机的绝顶崇高的美誉。它称丘处机为“天下之至神”、[①]“中华民族的骄傲”、“中国文化的光荣”,[②] 又说丘处机“静则寂然无声，动则惊天动地，……真是龙一般的人物”。[③] 给出这些美誉的主要依据就是丘处机有所谓的“一言止杀”历史功绩。《全真七子》这样写道：

> 长春用博厚的仁爱之心去化解成吉思汗的杀戮之气，并确有成效。……尔后成吉思汗确实收敛了杀心，减少了军事行动中屠戮平民的行为。成吉思汗用军事的力量征服了西域，而长春大师又用道德的力量征服了成吉思汗，谁更伟大呢？[④]

“确有成效”、“确实收敛”，——这就是《全真七子》对丘处机进言止杀功绩的认定，可谓言之凿凿，毫不含糊。可是，该书既没有交代可信的史料依据，也没有举出一个成吉思汗减少屠戮的实例。为此，我在《再辨伪》一文中一面举出长春西行后

---

① 《全真七子》，页 23。
② 《全真七子》，页 31。
③ 《全真七子》，页 12。
④ 《全真七子》，页 29。

蒙古军继续在许多地区屠戮民众的事实，一面率直地向《全真七子》作者们索要“一言止杀”的证据。我在文章的末段说：

> 历史学是一门重实证的学科，议论历史必须以真凭实据为证。“一言止杀”故事可以分解为相互依存的两个方面：一是丘处机进言止杀，二是成吉思汗听其言而止杀。主张“一言止杀”实有其事的学者理应对这两个方面均予举证，规避举证不是解决问题的办法。

最后我套用了鲁迅的一句话：我们“总是说些真实的好”。[①]

《再辨伪》一文发表后，我听到一些议论，有说我过于尖锐的。赵先生的文章则说我对《全真七子》的批评“是非常严厉的”。[②] 其实我的“尖锐”、“严厉”所针对的无非是该书的一些无稽之谈，只是要求对方出示证据而已。出示证据原是史学工作的本分，对于已经发表了结论的作者来说应该是轻而易举的。怕的是证据未握而结论先行，及至有人索讨证据，便立刻陷入窘境。这次我读赵文，便看到了赵先生的窘态。他这篇题

① 《中华文史论丛》2007年第1期，页326。
② 赵文，载《丘处机与全真道》，页128。

为《“一言止杀”辨正》的文章，不仅没有为“止杀”之确有举出证据，反而引用我在《再辨伪》中的说法，承认了“止杀”之实无。谓予不信，请看下文：

> ……对于“丘处机进言止杀”问题前面我们已经进行了讨论，按照杨先生的说法，仅此尚嫌不够，要想证明“一言止杀”确有其事，还必须举出成吉思汗止杀的证据来。
>
> 正如杨先生所言，根据各种史料记载，丘处机觐见成吉思汗之后，蒙古军并没有停止杀戮，但这不足以证明丘处机没有向成吉思汗建言止杀。丘处机觐见成吉思汗时，蒙古军正是所向披靡、锋芒正盛的时候，在这样的时候向成吉思汗建言止杀，既（即）使成吉思汗接受了建议，也不可能马上产生效果。这就是为甚么丘处机觐见之后，蒙古军还在继续着杀戮。①

赵文约两万两千字，上引这段话出现在两万字以后，已接近文章尾段，它讲了成吉思汗没有接受丘处机的止杀建议，即

① 赵文，载《丘处机与全真道》，页142。

使接受了也不可能生效。[1] 在一位先前断言止杀“确有成效”的《全真七子》作者笔下，在一篇题为《“一言止杀”辨正》的文章里，出现这样一段文字，完全出乎我意外。难道赵先生忘了，自己这篇文章的前两万字一直在为论证止杀之实有作铺垫，在第二章末尾还斩钉截铁地说对《西游记》等文献“只有一种解释，即丘处机‘一言止杀’确有其事”，[2] 怎么临到“必须举出成吉思汗止杀的证据”时，“确有”的事就成了“不可能”的事呢？请问，在同一篇文章中对同一个论题可以作出两种互相矛盾、截然相反的判断吗？

尤可怪者，赵先生一面声称“正如杨先生所言，……蒙古军并没有停止杀戮”，一面又挑明他是在同我“商榷”。在他既判断止杀“确有”，又判断止杀“不可能”的情况下，要我同他哪一种判断“商榷”呢？自称“长于思辨”的赵先生，[3] 焉能如此不顾逻辑。故而我断定，赵先生讲出“正如杨先生所言……”这番话，只是为了摆脱别人对止杀证据的追讨，切莫

---

① 赵先生也许会辩解说自己讲的是不可能“马上”生效。但他已经讲了在蒙古军“锋芒正盛”的时候成吉思汗不会接受止杀建议，而直到成吉思汗去世蒙古军锋芒并未稍减，故而“马上”一词在这里起不了缓冲作用。

② 赵文，载《丘处机与全真道》，页135。

③ 赵文，载《丘处机与全真道》，页128。

以为他改变了原先的观点。

果然，就在讲了“蒙古军还在继续着杀戮”之后，赵先生又借着一个“然而”把立场翻回到原点，继续论证“一言止杀”之“确有”。他的原话是：

> 然而，若从总体上来审视丘处机觐见前后成吉思汗军事政策的变化，还是可以找出一些蛛丝马迹。①

赵先生没有明讲，他找出的是甚么事物的蛛丝马迹，但从上下文看，无疑是指可据以探寻丘处机、成吉思汗止杀功效的蛛丝马迹。一件已被判定“不可能”生效的事还能留下其生效的蛛丝马迹，倒也够奇怪的。这中间的逻辑关系不妨留待“长于思辨”的学者自己来解释，我更关心的是赵先生找出的蛛丝马迹究竟为何物。

赵先生找出的蛛丝马迹共两条。第一条是《元史》卷一《太祖纪》记载的太祖二十二年（1227）六月成吉思汗对群臣言：“朕自去冬五星聚时，已尝许不杀掠，遽忘下诏耶。今可布告中外，令彼行人亦知朕意。”成吉思汗是当年七月去世的，

---

① 赵文，载《丘处机与全真道》，页 142。

上引的话讲于去世前一个月，他正进军秦州（今甘肃天水）时。所言“去冬五星聚时”指太祖二十一年（1226）十一月二十六日丁丑，《元史·太祖纪》有记载：“丁丑，五星聚于西南。”[①]“五星聚舍”又称“五星连珠”，是难得出现的天象，被中国古代星占学视为异常，或判为凶，或判为吉，详说请看江晓原先生所著《星占学与传统文化》。[②] 1226年十一月正值成吉思汗攻打西夏灵州（今宁夏灵武），已是丘处机觐见四年之后，又过半年成吉思汗才想到把自己“许不杀掠”的想法布告中外。在他有这想法的半年里，成吉思汗率领蒙古军做了甚么，韩儒林先生主编的《元朝史》有一段集中的叙述：

> （1226年）十一月，成吉思汗率蒙古大军进攻灵州（朵儿篾该），（西夏国王赵）睍遣嵬名令公统率十万军队来援。蒙古军渡河进击，消灭西夏军，杀死无数，尸体堆积如山。随后成吉思汗到盐州川驻冬，蒙古军在盐州一带肆行杀掠，居民有的打土洞、石洞避兵，得免于难者百无一二。

---

① 《元史》卷一，北京，中华书局，1976年，页24。

② 上海古籍出版社，1992年，页110—112。

> 成吉思汗认为经过此次打击，西夏已不再有力量抵抗，……于1227年正月率军南下，进入金境，攻陷临洮府和洮、河、西宁、德顺等州，别遣一军攻入宋境掳掠。四月，驻夏于六盘山。六月，继续向南进兵，至秦州清水县。七月，病死。临死前吩咐：秘不发丧，以免被敌人获悉；待西夏国主和居民在指定时刻出城时，立即全部把他们消灭。①

这段史事在周良霄、顾菊英两位先生合著的《元史》中也有叙述，② 两书互有详略。赵先生可能未读韩书，但周、顾的书他是读了的。判断成吉思汗是否止杀，为甚么不顾如此确凿的事实，而要挖空心思去另找所谓的蛛丝马迹？而且这第一条蛛丝马迹同丘处机毫无关系，成吉思汗自己讲，是半年前星象的异常促使他考虑禁止杀掠。那时丘处机身在千里之外的燕京，星变既非他所预言，亦非由他作出解释，成吉思汗“许不杀掠”与他有何相干？赵先生在这里犯了一个用常话讲叫作生拉硬扯的错误。

---

① 《元朝史》上册，北京，人民出版社，1986年，页105。

② 《元史》，上海人民出版社，2003年，页174—175。

赵先生找出的第二条“蛛丝马迹”是木华黎经略华北时期(1217—1223)蒙古国“军事、政治政策的变化”。他引周良霄、顾菊英《元史》中的一段记述为据，然后说：

> 他们(指周、顾)还列举了《元史》中的相关史料来说明导致木华黎军事、政治政策产生变化的原因。虽然他们只提到了史天倪与刘世英曾劝谏木华黎减少杀掠，没有提到丘处机，但丘处机建言止杀对当时整个大气候的影响，是一个不可忽视的因素。①

这是说，是丘处机建言止杀所造成的大气候推动了木华黎麾下两员汉人将领向木华黎劝谏止杀，而周、顾的《元史》忽视了丘处机的作用。可是，赵先生为甚么不说说史天倪与刘世英劝谏木华黎的年份呢?《元史》卷一四七《史天倪传》记史天倪劝谏在庚辰年，同书卷一五〇《刘亨安传》记刘世英劝谏也在庚辰年，庚辰年即1220年。熟知丘处机西行历程的赵先生不会不知，丘处机直到庚辰年底尚盘桓于今日河北的涿鹿、宣化之间，要到壬午年(1222)四月才初次觐见成吉思汗，雪山讲道

① 赵文，载《丘处机与全真道》，页142。

更在壬午年十月。一件1222年发生的事竟会对1220年的“整个大气候”产生影响，岂非咄咄怪事，莫非时光真的倒流了？宋濂的《元史》赵先生可能没有查，他引据的是周、顾的《元史》，但周、顾也是讲了史、刘劝谏年份的（只是把史天倪的劝谏说早了一年），赵先生为何仿若未见，不向读者交代？

木华黎经略中原六年（1217—1223），在此期间其经营方略的确有所变化，但同丘处机西行无关。木华黎于癸未年（1223）三月卒于闻喜（今属山西），当时丘处机尚在东归途中，还没有抵达阿里马，他的西行对木华黎能有甚么影响？

话讲到这里，关于成吉思汗究竟止杀了没有的问题，可以不再探讨了。不管赵先生是否心甘情愿，他在口头上总算承认了丘处机觐见后蒙古军继续还在屠杀，这就够了。接着要谈的问题，是丘处机究竟有无进言止杀？

三　守不住的底线——终于承认丘处机无止杀之语

这个问题要从《全真七子》页295的一段话说起，那段话讲了丘处机向成吉思汗进言“劝其止杀”。《全真七子》作者明确交代，这样讲是“依据《玄风庆会录》、《长春真人西游记》与《西游录》的记载”。但是，《全真七子》没有引三书原话。我复查了三书，找不到进言止杀的记载，故而在《再辨伪》一文中向《全真七子》作者们提出质问，请他们“引三书的原话来证明他们读对了”。[1] 我的质问非常简单，不难答复。如果他们举出了原话，那就证明他们没有错，错的是我。如果他们举不出原话，那就证明他们讲的进言止杀故事并非“依据”三书，应该纠正错误，交代真实的依据。须知三书成书俱早，它们的记载对判断进言止杀一事的有无至为重要，不容以他书蒙混取代。我想，这点道理大概是学术界人士普遍可以接受的。当然，也不排除有个别人例外，赵先生就是例外的一个。

由于举不出三书原话，赵文第二章不得不承认《西游记》、《西游录》以及与两书同年问世的《长春真人本行碑》均“无止杀之语”。[2] 请注意，赵文这里未提《庆会录》，原因见下文。但是，赵先生既不说《全真七子》原先讲的“依据”错了，也不另行交代自己的真实依据为何，而是立即宣布“我们能够对以上文献为何无止杀之语作出合理的解释”，接着便煞有介事地解释起来。可是，稍有一点逻辑学修养的人都知道，论证某事之有无与解释某书何以不载某事是两个不同的论题，不能用后者来替换前者，否则便是转移或偷换论题。而且，解释某书

---

① 《再辨伪》，《中华文史论丛》2007 年第 1 期，页 302。

② 赵文，载《丘处机与全真道》，页 134。

不载某事的原因，须以某事已被证明实有为前提；如果其事本属后人杜撰，前人书中自不会有，何需再作解释。赵先生尚未证明进言止杀之实有就抢先解释《西游记》等书何以不见止杀之语，其奥妙在于诱使读者误以为这个前提业已解决。因此，我们在读赵先生的解释时不要忘记继续向他索讨丘处机进言止杀的史料依据。

赵先生的解释是从《西游记》入手的。他认为，《西游记》卷下提到的“丘处机给成吉思汗讲道时，成吉思汗曾下旨要求‘勿泄于外’，这极有可能就是《长春真人西游记》不见止杀之语的原因”。赵先生说：

> 全真教徒只有丘处机一人知道讲道的具体内容，但他因成吉思汗“勿泄于外”一语而不敢对李志常等全真弟子提起，李志常在撰述《长春真人西游记》时，并不知道丘处机讲道的具体内容，所以《长春真人西游记》中才无止杀之语。①

接着，赵先生又自问自答说：

① 赵文，载《丘处机与全真道》，页134。

> 以上解释虽然能够说明为甚么《长春真人西游记》中无止杀之语，但能否说明《长春真人本行碑》与《西游录》为甚么无止杀之语吗？答案是肯定的。

至此，赵先生不仅承认《西游记》无止杀之语，也承认了《西游录》和《本行碑》无止杀之语，而后两种史料的作者都是佛教徒，《西游录》作者耶律楚材更是全真道与丘处机的对立面。可见，赵先生的解释并不限用于全真道内。现在，《全真七子》据以造出止杀之语的三种文献惟有《庆会录》一种未被否认，止杀之语究竟有无，就看赵先生对《庆会录》如何解读了。下面是赵文的解读：

> 在《玄风庆会录》中，丘处机不断地劝说成吉思汗"行善进道"、"作善修福"、"行善修福"、"修福济民"、"济世安民"、"累积功德"等，这即是委婉地劝说成吉思汗止杀。成吉思汗为一代枭雄，生性残忍，杀人无数，丘处机面对成吉思汗，要想达到"罢干戈致太平"的目的，不能采用直接的方法，必须委婉地劝说，否则，不但达不到目的，而且还会引来杀身之祸。丘处机不直接进言劝成吉思汗止杀，而是通过劝善来达到止杀的目的，……这正

> 显示了他的高明之处。杨讷先生不明其中腠理，而只从《玄风庆会录》里机械地寻找“止杀”二字，当然会认为其中无止杀内容。[1]

这段文字见于赵文第四章，可以说是全文的关键所在。从《全真七子》起，赵先生用了那么多文字宣扬丘处机进言止杀，惟独这段文字承认丘处机讲道只有劝善之语，并无止杀之言。但是，赵先生认为，这些劝善之语实即止杀之言，只是因为丘处机害怕直言止杀会引来杀身之祸，故而代之以劝善之语。

然而，正是赵先生所发掘的丘处机的高明之处，反映出赵先生本人的有欠高明。首先，《庆会录》中那些“行善”、“作善”，“修福”、“济世”等劝善之语能解释为止杀吗？不能。劝善与止杀是两个不同的概念，它们的内涵与外延均不相同，今人和古人都不把它们视若同一。《西游记》卷下有一则纪事，讲壬午年（1222）十月丘处机在邪米思干“有余粮则惠饥民，又时时设粥，活者甚众”。[2] 这无疑是行善，但决不是止杀。而成吉思汗在接见丘处机前就已实施的“顺者不诛，降城获免”

---

① 赵文，载《丘处机与全真道》，页140。

② 《西游记》卷下，载《道藏》(34)，文物出版社、上海书店、天津古籍出版社影印，1988年，页493上。

政策，虽然客观上有减少屠杀的功效，但因其属于战略的一部分，历来无人称之为行善。从这两个例子可以看出，把行善与止杀等同是一种有意的混淆，有如指鹿为马或以马代鹿。

其次，说丘处机如果直接进言止杀就会引来杀身之祸，纯属赵先生的夸张之词，目的是为丘处机无止杀之言辩护。历史上成吉思汗指挥的征服战争虽然杀人无数，但他本人尚非听不得半点不同意见。早在1213年，那个后来给丘处机讲道当翻译的耶律阿海就曾向成吉思汗直接建言止杀。《元史》卷一五〇《耶律阿海传》记载阿海奏言：“好生乃圣人之大德也。兴创之始，愿止杀掠，以应天心。”成吉思汗并没有因此诛杀或贬斥阿海。成吉思汗西征，阿海随行，“下蒲华、寻思干等城，留监寻思干，专任抚绥之责”。[①] 可见，“采用直接的方法……会引来杀身之祸”的说法实为夸饰之词、无根之言。

第三，原先《全真七子》赞扬“长春用博厚的仁爱之心去化解成吉思汗的杀戮之气，并确有成效”，又说：“成吉思汗用军事的力量征服了西域，而长春大师又用道德的力量征服了成吉思汗”。而今赵文却说丘处机因恐遭杀身之祸而不敢直言止杀。请问，究竟是丘处机的仁爱之心化解了成吉思汗的杀戮之

---

① 《元史》，页3549。

气，还是成吉思汗的杀戮之气震慑了丘处机的仁爱之心？他们两个谁比谁更“伟大”？

第四，《庆会录》有下面一段话，最能说明丘处机对成吉思汗屠杀行为的态度：

> 陛下本天人耳。皇天眷命，假手我家，除残去暴，为元元父母，恭行天罚，如代大匠斫，克艰克难，功成限毕，即升天复位。①

对于自称是“上帝之鞭”的成吉思汗来说，还有比这样的话更中听的吗？所以我在《再辨伪》一文里引了这段话，以证明“《庆会录》不仅没有进言止杀的内容，相反地倒有称颂成吉思汗征服战争的话语”。我并且指出：“成吉思汗是‘天人’，他进行的战争是‘除残去暴’、‘恭行天罚’。丘处机话已说到这程度，如何再劝成吉思汗不杀呢？是叫成吉思汗不要再执行天罚吗？”② 现在赵先生总算承认了《庆会录》没有止杀的话语，但对上引这段颂词依旧熟视无睹，反说我“没有举出所谓真正

---

① 《玄风庆会录》，载《道藏》(3)，页 388 中—下。

② 《中华文史论丛》2007 年第 1 期，页 302，303。

有力的反证”，还说我“只重史料不重事实”。[1] 看到一个研究历史的人竟能如此漠视史料，你还能说甚么呢？

四　谬误何其多

本文前言讲过，赵文谬误太多是我不想同他商榷的原因之一。现在我集中举出一些谬误实例，以证前言不诬。这些谬误大多产生于赵文对《玄风庆会录》的论述，是赵先生据以否定耶律楚材是《庆会录》编录者的理由。

谬误一：“自邪米思干以西皆非耶律楚材亲历”

这是赵文一再重复的话题，为的是强调耶律楚材“不可能在丘处机雪山讲道时在座”。[2] 这里赵先生犯了双重错误。

第一，还在进入邪米思干之前，耶律楚材就已到过邪米思干以西。熟悉中亚史地的人都知道，成吉思汗是在拿下当时中亚著名的文化城市蒲华（布哈拉）之后才攻取邪米思干的。蒲华在邪米思干正西，两城相距约二百公里（《多桑蒙古史》说“有五日程”）。关于成吉思汗攻取两城的先后，《元史》和志费尼《世界征服者史》两书的记载是一致的。志费尼还解释了

① 赵文，载《丘处机与全真道》，页133。
② 赵文，载《丘处机与全真道》，页137。

先取蒲华的原因，他说：

> 成吉思汗抵达讹答剌时，撒麻耳干（邪米思干）修缮城池和堡垒，以及拥有大量驻军的消息，已四下传开。……成吉思汗以为，攻取该城之前，最好先清外围。首先，他进兵不花剌（蒲华）。当不花剌的攻克使他定心时，他便考虑撒麻耳干的问题。①

当时耶律楚材身在成吉思汗军中，他自然也是先入蒲华后进邪米思干的。

其次，耶律楚材居留邪米思干期间，又曾去过蒲华。《湛然集》中的《蒲华城梦万松老人》、《西域蒲华城赠蒲察元帅》两诗，就是楚材辛巳年（1221）在蒲华写的。赵先生自称“翻检”过《湛然集》，不会看不见两诗的醒目标题，而且赵文也两次提到了蒲华，为何还说《湛然集》的诗“只写到邪米思干，邪米思干以西他并未在诗中提及”？② 看来惟一合理的解释就是赵先生急于断言耶律楚材没有到过邪米思干以西，根本不

① 《世界征服者史》，何高济译，呼和浩特，内蒙古人民出版社，1981年，页136。

② 赵文，载《丘处机与全真道》，页137。

想查问蒲华位于何方。

谬误二：关于程同文的跋

王国维《长春真人西游记校注》书末收清人为《西游记》写的跋文四篇，赵卫东先生引了其中程同文的一篇，称程跋是“给王国维《长春真人西游记注》所作的《跋》”，[①] 又称程同文“认同”陈铭珪（陈教友）的某个说法。[②] 查程跋文末自署“道光壬午秋七月七日桐乡程同文”，道光壬午是1822年，比王国维注《西游记》早百余年，比陈铭珪撰《长春道教源流》（成于光绪五年，即1879年）早五十七年，程跋既非为王注而作，也不可能提到《长春道教源流》。而且，王国维在1926年写的《西游记校注》序中已经讲了“道光间徐星伯、程春庐、沈子敦诸先生”对《西游记》“迭有考订”，此程春庐即程同文。为甚么赵先生对程跋、王序中这些话均视若未见？

尤其不应该的，是赵文对程跋的曲解。程跋说：

> 读《湛然集》，晋卿在西域十年，惟及寻思干止耳，未尝出铁门也。今读此记（《西游记》），则太祖追算端，惟

① 赵文，载《丘处机与全真道》，页137。
② 赵文，载《丘处机与全真道》，页143。

过大雪山数程，其地应为北印度。晋卿实未从征，无由备顾问。[1]

赵先生引了程同文这段话，然后说耶律楚材西行路上写的诗“只写到邪米思干，邪米思干以西他并未在诗中提及。……因此，程同文认为耶律楚材随成吉思汗西行止于邪米思干应该是正确的”。[2] 表面上看，程跋说的“惟及寻思干止耳”与赵文所言“止于邪米思干”意思是一样的，但结合上下文来读，所指就不同了。程跋的“惟及寻思干止”，是指“未尝出铁门”，由于铁门是在邪米思干之南，全句的意思是说楚材到邪米思干以后没有逾铁门南下。赵文说的“西行止于邪米思干”是指楚材没有到过邪米思干以西。两者所指，分明不是一回事。赵先生混而同之，如非故意混淆，定是因为他不知铁门在邪米思干之南，就像他不知蒲华在西一样。

铁门是由邪米思干往成吉思汗大雪山行宫的重要通道，《西游记》六次提到铁门。铁门的方位，阿里鲜在答丘处机问话时讲得很清楚：

---

① 见《王国维全集》(11)，杭州，浙江教育出版社等，2009年，页644。

② 赵文，载《丘处机与全真道》，页137。

师（丘处机）问阿里鲜以途程事，对曰：“春正月十有三日，自此（邪米思干）初发，驰三日，东南过铁门。又五日，过大河。二月初吉，东南过大雪山，……南行三日，至行宫矣。”①

这是阿里鲜自述他在1222年一月由邪米思干去雪山行宫的路程。同年三月、八月丘处机两次去行宫，也都经由铁门。这是《西游记》载明的。程同文从《西游记》看出铁门是通往行宫的重要关隘，这是正确的。但是，程同文因为在《湛然集》中未见有提及铁门的诗文，就断言楚材“实未从征，无由备顾问”，实在欠考虑。这说明，他没有认真阅读过宋子贞撰写的《中书令耶律公神道碑》。一百年之后王国维能够解决耶律楚材抵雪山行宫的问题，靠的就是宋子贞写的这篇《耶律公神道碑》。

读王国维撰写的《耶律文正公（楚材）年谱》，其壬午年（1222）纪事作：

公居寻思干。夏，至行在。五月，长星见西方，上以

① 《西游记》卷上，载《道藏》(34)，页489下—490上。

问公。公曰：“女直国当易主矣。”逾年而金主死。于是每将出征，必令公预卜吉凶，上亦烧羊髀骨以符之。①

这段纪事的根据是很容易查明的。“公居寻思干”一语，是根据壬午年春耶律楚材在邪米思干写的几首诗，诗中有“河中春晚我邀宾”、“西园佳处送残春”、“异域河中春欲终”② 等句，可藉以断定这年晚春三月间楚材尚在邪米思干。从“五月”两字起，王国维完全照录宋子贞的《耶律公神道碑》，一字不差。碑文的“上以问公”一语，足以说明此时楚材已在成吉思汗身边，于是王国维合乎逻辑地在“五月”两字前增入“夏至行在”四个字。应该说，这四个字加得非常精当。美中不足的是，尽管王国维知道丘处机也是夏至行在，却没有把楚材的夏至与处机的夏至联系起来，这也许是受年谱体例限制所致。把两者联系起来的是今人陈得芝先生。

1990年陈得芝先生在一篇题为《耶律楚材》的文章中引了宋撰《耶律公神道碑》中关于“长星见西方”的一段话，接

① 《王国维全集》(11)，页184。

② 《河中游西园四首》其一，《湛然居士文集》，四部丛刊缩印本，287册，页48下，49上；《河中春游有感五首》其二，《湛然居士文集》，页49下。

着说：

> 此时成吉思汗正在大雪山之八鲁湾川避暑。当年二月（阳历三月十五至四月十三日），耶律楚材还在寻思干，曾陪同丘处机（丘于上年十月至寻思干，奉诏暂居）郊游，有《壬午西域游春十首》、《河中游西园四首》等诗。可能他是三月中（阳历四月末）陪丘处机到大雪山行在进见的，到五月仍留在成吉思汗身边。①

陈先生的推论我很赞同。我们知道，楚材在1220年奉命草诏要丘处机速至西域，从那时起就参预了迎候处机西来的事务。他与处机素不相识，信仰上又非同道，两人在邪米思干五个月的交往，从楚材这方讲应当是奉命接待，不会是私人攀交。处机赴行在讲道，楚材陪同前往，乃情理中事，无可置疑。

据《西游记》，丘处机一行是三月十五日从邪米思干启程的，四月五日抵达行在。讲道原订四月十四日举行，届时因成吉思汗又有征事，将讲道推迟到十月。处机乞回旧馆，于端午

① 此文收入陈得芝《蒙元史研究丛稿》，改题《耶律楚材诗文中的西域和漠北历史地理资料》，北京，人民出版社，2005年，页475。

日回到邪米思干。楚材留在行在，故而成吉思汗有长星之问。十月，讲道如期举行，楚材以近臣身份奉命记录。讲道结束，楚材被派往塔剌思城执行公务。次年春间公务完毕，返还行在，丘处机等已离行在东归。楚材后来在《西游录》中回忆说：

> 昔徙河中之豪民子弟四百余人屯田于塔剌思城，奉朝命委予权统之。予既还行在，闻之于舆人云，丘公将行，朝辞毕，遣人奏告云，但修善出家人乞免差役。时典诰命者他适，令道人自填，诏旨遂止书道士免役之语。[1]

这段回忆有两点值得注意。一是“予既还行在”，说明他原来是从行在被派往塔剌思的。二是丘处机在耶律楚材返还行在前已离开行在，而这是有具体时日可查的。《西游记·附录》收了这份“道人自填”的诏旨，其文云：

> 照使所据神仙应系出家门人精严住持院子底人，并免

① 《西游录》，页16。

差发税赋，准此。癸未羊儿年三月，御宝，日。[1]

据《西游记》，成吉思汗颁旨蠲免神仙门下人差发是在1223年三月七日，三月十日丘处机等辞行在，与耶律楚材所言相符。

耶律楚材在1222年夏季赴行在的事，现存史籍的记载不很清楚，赖王国维、陈得芝两位的细心研究得以揭示。事情虽然不大，却体现了他们勤恳踏实的治学态度和精细熟练的基本功夫，做学问当如是也。

谬误三："编录"为何改成"编修"，"志"又怎样成了"译"

《玄风庆会录》系耶律楚材“奉敕编录”，这是《道藏》标明的。[2] 但是，在赵文第三章里却四次讲到耶律楚材“编修”了《庆会录》，第一次还把“编修”两字附在《道藏》的题名内，作“移剌楚才奉敕编修”，[3] 读者如不知情，很可能以为《道藏》原文就作“编修”。我初次读到“编修”时，以为这是赵先生一时笔误，及至读到四次，方才悟得这是赵先生有意改动，目的就是要用“修”字替换“录”字。大家知道，“录”

---

① 《西游记·附录》，页1下。

② 见《道藏》(3)，页388上。

③ 赵文，载《丘处机与全真道》，页135。

的意思是记录。在丘处机那个时代，记录者如果不在丘处机讲道现场，是无法进行记录的，所以一个“录”字就意味着耶律楚材当时在场。秦志安说，处机向成吉思汗进言时“耶律晋卿方为侍郎，录其言以为《玄风庆会录》”,[①] 与《道藏》标出的“奉敕编录”是一致的，都证明楚材在场笔录。与“录”字不同，“修”的意思是编纂、撰写，非记他人所言。故而竭力排除楚材在讲道现场的赵先生用“修”字替换“录”字，以消除楚材在场的痕迹。但是，这样一改，楚材却由《庆会录》的编录者成了《庆会录》的撰写人，白捡了《庆会录》著作权的便宜，丘处机由此吃了大亏。这，大概是赵先生始料未及的。

当然，赵先生主观上并不想把《庆会录》的著作权拨给耶律楚材，他更明确的想法是把耶律楚材安放在《庆会录》汉文译者的位置上。他引了《西游记》所说丘处机讲道“上温颜以听，令左右录之，仍敕志以汉字，意示不忘”一段话，接着便说：

> 由“仍敕志以汉字”来看，当时记录论道内容主要用的是蒙古文，所以成吉思汗才下令命人译为汉文，而耶律

① 《金莲正宗纪》卷四，《道藏》(3)，页 360 上。

楚材极有可能就是后来受命译为汉文的人，所以他对论道内容极为熟悉。①

可是，“志以汉字”的意思是“译为汉文”吗？“志”能作“译”字解吗？赵先生在作此解释之前，为甚么不先查查词书呢？要知道“志”字虽有多义，但从来不作“译”字解。《汉语大词典》举出“志”字七义，其第一义就是“记录”。可见《西游记》说的“志以汉字”的“志”与《道藏》标出的“奉敕编录”的“录”是同一个意思。释“志”为“译”完全是赵先生的曲解。实际上那时也不会找人搞甚么汉文译本，因为丘处机本来就用汉语讲道，只是由于成吉思汗不懂汉语，才用阿海译为蒙语。至于留作纪念（“意示不忘”）的汉文录本，找个深通汉族文化的人（仅通汉语是远远不够的）在丘处机讲道时直接记下，岂不比事后找人拿着蒙文本记录转译准确便捷得多？成吉思汗文化水平不高，但智商不低，不会想不到这一点。退一步说，就算当时成吉思汗没有想到这一点，在场的两位耶律氏也会这样办的。

---

① 赵文，载《丘处机与全真道》，页137。

谬误四:《庆会录》是“节本”

“《玄风庆会录》并非〔丘处机〕论道内容的正本，而只是一个简略的节本。”[①] 这是赵文第三章里的一句话。赵先生称，这是“一个非常重要的问题”，是姚从吾“提到”的。但是，赵先生没有交代，姚从吾是在何处提到的。根据已有的了解，我对赵先生的话不敢轻信，故而复查了姚从吾的有关著作，特别是姚著《元丘处机年谱》中《玄风庆会录新评》一节。结果如我所料，这个“非常重要的问题”乃赵先生自已的发明，与姚从吾无关。姚从吾只提到丘处机讲道记录的“正本”、“副本”、“原本”等问题，没有提到甚么“节本”。关于《庆会录》，姚从吾只是说“道藏所收的汉文‘奉敕编录’本，是全真教徒事后的追记”，“这种追记很可能出自长春真人的事后重述”。[②] 对姚从吾的话，人们可以同意也可以不同意，但无论同意与否，都不可以把他没有讲过的话强加给他。

赵先生的“节本”说，并非来自前人，而是他本人对《庆会录》的曲解。《庆会录》是“壬午（1222）之冬十月既望”之夕丘处机对成吉思汗讲道的记录，这是《庆会录》原文写得

① 赵文，载《丘处机与全真道》，页 138。

② 《东北史论丛》下册，台北，台湾正中书局，1959 年，页 257。

清清楚楚的。可是，赵先生却别出心裁地指责说：“丘处机对成吉思汗的讲道，较为集中的有三次，并不是《玄风庆会录》区区几千字所能概括的，其只能是一个节略本。”其后，赵先生又引《西游记》所述而《庆会录》不载的丘处机在其他场合进言行孝和罢猎的事，进一步断言《庆会录》“只是三次主要论道的节略译本”。[①] 非常奇怪，明明是一次讲道的记录，赵先生却要求它“概括”三次讲道的内容；明明是只记了一次讲道的内容，赵先生却看到了三次讲道记录的“节译”。是赵先生没有看懂《庆会录》原文呢，还是有意混淆视听呢？

更令我诧异的是，赵先生竟然还强拉我附和他的“节本”说。他写道：

> 我们认为《玄风庆会录》并非丘处机为成吉思汗讲道的全本，而只是一个简本。对此杨讷先生也不反对，他言：“《庆会录》三千余字，是简练的文言，丘处机原话肯定长多了，内容那么玄奥，还要译为蒙语，成吉思汗一夕之间能否听懂听完，确实让人生疑。”这说明杨讷先生也

① 赵文，载《丘处机与全真道》，页138。

认同《玄风庆会录》并非丘处机讲道所有内容的记录。①

经赵先生这样解释，我对成吉思汗能否在一夕之间听懂听完《庆会录》内容的怀疑，竟成了对《庆会录》是否记全了丘处机讲道内容的怀疑，这是我万万没有想到的。

看到自己的意见被人曲解，未免啼笑皆非，但转想到前人如程同文、姚从吾也难逃脱被赵先生曲解的命运，心中也自释然了。曲解的产生有多种可能性，其主观动机又是甚么，只有曲解者本人才最明白清楚，旁人是不便蠡测的。

谬误五："重译"《庆会录》

这是继发明耶律楚材"译"《庆会录》之后，赵先生的又一发明。其全部根据，仅虞集（1272—1348）《河图仙坛之碑》中的一段话：

> 全真之教，叙其祖传，有所谓《玄风庆会录》者。大德中，尝使人译之，而莫达其意，有旨命公（吴全节）论定。公曰："丘真人之所以告太祖皇帝者，其大概不过以取天下之要，在乎不杀。治天下之要，在乎任贤。修身之

① 赵文，载《丘处机与全真道》，页139，行23。

要，在乎清心寡欲。炼神致虚，则与天地相为长久矣。”译者如其言奏之，上大感悦。①

这段话并不难懂，它讲的“全真之教，叙其祖传”的《玄风庆会录》，只能是当时全真教门流传的耶律楚材编录的《玄风庆会录》。其下文“译之”中的代词“之”，指的就是这卷汉文《庆会录》。成宗不通汉文，要使人译《庆会录》为蒙文以供自己阅览。那个把吴全节的话译告成宗的“译者”，应该就是译而“不达其意”的蒙文译者。事情就这么简单。可是，虞集说得如此明白的一段话，一经赵先生转述，意思就变了。赵先生说：

在大德年间，元成宗曾经下令让人重新翻译《玄风庆会录》，若耶律楚材编修的《玄风庆会录》为全本，就没有必要重新翻译。正因为《道藏》本《玄风庆会录》不是全本，元成宗为了了解当时论道的全貌，才让人重新翻译。②

① 《道家金石略》，北京，文物出版社，1988年，页965—966。
② 赵文，载《丘处机与全真道》，页138。

赵先生这段话不足百字，三次说到“重新翻译”。由于这段话紧贴在虞集所言之后，乍看很像是以虞言为根据的，似乎赵文说的“重新翻译”源自虞文说的“使人译之”。然而，认真想想，不对了。成宗不通汉语，他连吴全节简短的解释都要经过翻译才能听懂，怎么会想读汉文本《庆会录》呢？虞集讲的分明是成宗使人译汉文为蒙文；赵文反其意，曲解为成宗让人将先前已由蒙文“译”（杨按：上文我已经讲过，这个“译”字是赵先生对“志”字的歪释）成汉文的《庆会录》再（“重新”）译一遍。虞集说的是汉译蒙，赵先生则解释为蒙译汉，两者完全相反。赵先生不至于认为成宗的汉文水平高于蒙文吧！

关于赵文的谬误，暂且举到这里。读者想必已经看出，谬误多半出自赵先生对史料的妄释妄改。一般地说，只要对史料的阅读和运用多存几分谨慎，也不至于如此谬误丛生。但是，具体到赵先生，谬误如此之多的原因恐怕不仅是缺少谨慎，还因为他多了一项东西，那就是信仰主义。

五　反对科学研究中的信仰主义

甚么是信仰主义？《辞海》最新版引列宁的话给信仰主义下的定义是：“一种以信仰代替知识或一般地赋予信仰以一定

意义的学说。(《列宁全集》第53卷第316页)”[①] 因此我把以科学研究为名，行散播某种宗教信仰之实的行为称作科学研究中的信仰主义。宗教信仰与科学研究是不同道的，但在今天只要各自亮明旗帜，遵守国家法律，两者是可以各行其道的。藏身于科学研究中的信仰主义则是科学界人士应该反对的，因为它冒用科学之名，混淆视听，误导大众，损害科学事业。

2006年我初读《全真七子》一书，就已觉察到其中存在的信仰主义。尽管此书标明“系教育部省属高校人文社会科学重点研究基地山东师范大学齐鲁文化研究中心资助项目”，其内容却严重违反科学准则，书中大力宣扬的是王重阳师徒的“神异”或“神通”。例如，述说王重阳在大定七年(1167)中元节后一日参加马钰等人在范明叔家的聚会，“趁此机会大显神通”(页147)；又称：“王重阳度化马钰所用的手段，主要有阳神出窍、分梨十化与托梦显异三种。”(页151)讲到马钰，说他“生而神异”(页144)；又说马钰在“仙逝”前一年多时间里行化于登、莱、宁海各州，“经常适时展示神异，以吸引道众”(页188)。书中对谭处端的神异鼓

① 《辞海》第六版缩印本，上海辞书出版社，2010年，页2123。

吹尤力，说是“在谭处端往来行化的过程中，其最有名的也是最脍炙人口的事迹，便是‘阳神出壳’、‘忍折齿之愤’、‘施梦中之药’与‘书龟蛇以辟火’等几件事”。该书竟不惜拿出近两千字的篇幅一一予以细述。得出的结论是，谭处端“通过屡显神异，实际上在当地已经产生了不少的影响，至少使伊洛一带士庶对全真道有了一定的了解，为后来丘处机的门徒在洛阳一带的弘教活动打下了基础”（页 273—275）。读者如果想知道所谓的“神异”究竟是怎么回事，不妨读一读下面这段“阳神出壳”故事：

> 大定十四年（1174），谭处端暂离洛阳朝元宫，行化于河朔间，寓于新乡府君庙新庵。一日，出庵而去，对庙官说要去卫州。到了晚上，庙官见庵中仍旧灯火通明，便往视之，见谭处端正在庵中面火独坐，庙官惊疑不已，明明见谭处端出庵往卫州方向而去，今何以尚在庵中？于是庙官便进庵拜见，谭处端只是微微向他示意，一句话也没说就又离开。庙官久等不来，诸处寻之也不可得，于是便私下遣人往卫州查看，托言向谭处端求药，见谭处端正卧于卫州北关旅邸中，尚未起身，问旅邸主人，言谭处端一直未曾离开过旅邸。往卫州查看的人回到新乡府君庙，庵

中谭处端所燃之火尚未全熄。《历世真仙体道通鉴续编·谭处端》认为，这是谭处端阳神出壳，故示神异。（页273）

由此可知，《全真七子》如此慎重其事地介绍的“阳神出壳”，就是道门早已有之的所谓分身术。此术在宋金之世已经不是甚么新鲜货色，想不到时至21世纪还能出现在我们高等院校的科研著作中，被当作民族瑰宝推荐给读者。

从表面看，《全真七子》也有几句抨击道教方术的话语。例如，其《概论》讲到丘处机的“实”，就说“长春之‘实’，一是平实之实，不用方术神异欺骗世人”。① 同时，《概论》又批判宋代发明梦游神霄的道士林灵素“专以符箓祈禳惑主”。② 两段话语虽然简短，都是揭批方术骗人的，乍看足以使人相信《全真七子》作者们坚决反对方术。可是，接踵而来的却是对方术的竭力宣扬。这是怎么回事？这不是存心误导读者吗？

对林灵素和丘处机，《全真七子》分别判以“惑主”和

① 《全真七子》，页25。
② 《全真七子》，页22。

“平实”，所据不是同一个标准。说丘处机“不用方术神异欺骗世人”，本身就是欺人之言。丘处机与林灵素一样搞方术，林灵素发明梦游神霄在先，丘处机宣扬梦游神霄在后，丘处机是以林灵素的后继者自居的。我在《再辨伪》中曾引丘处机对成吉思汗所说的一段话说明这一点。[①] 现在赵文似答非答地提到这一点，说丘处机向成吉思汗提到林灵素“只是为了说明‘上天之乐，何啻万倍人间’，并没有任何赞赏林灵素之意”，接着便说了下面这段不可忽视的话：

> 至于梦游神霄之事，这更没有任何问题。杨先生作为一个非道教徒，不理解或不认同道教教义，这并不是过错。丘处机作为一个道教徒，信仰有梦游神霄、出神入梦之事，也是再自然不过的。其间的差异只是一个道教徒与一个非道教徒之间的信仰差异，杨先生以此来谴责丘处机，若非仍然有“启蒙精神”的情结，就是缺乏对道教或道教信仰者的同情理解与起码尊重。……杨先生对丘处机的这一点批评，只是信仰立场的不同所导致，并不是甚么

① 《中华文史论丛》2007年第1期，页305。

对与错、真与假的问题。①

至此，赵先生终于亮出了他的底牌，原来他之所谓人文社会科学研究，竟是不问对错真假，但问“信仰差异”、“信仰立场”的。对此，我需要作以下几点澄清：

第一，现在还在进行的这场争辩，是我与赵先生以及以赵先生为代表的一部分《全真七子》作者之间的争辩，不是我同八百年前的古人丘处机之间的争辩。丘处机没有说过自己曾经进言止杀，也没有讲过自己“用道德的力量征服了成吉思汗”，更没有说过自己的著述是甚么“人文社会科学重点研究”项目。丘处机只是争辩的题材，而非争辩的一方。

第二，赵先生按照“信仰差异”来划分各人的立场。他说丘处机是道教徒，杨讷非道教徒，这无疑都对，但他忘记交代自己是道教徒还是非道教徒了。他在没有讲清楚自己的立场之前就以裁判自居，评说我与丘处机的“是非”（或者叫作“无是非”），能不让人怀疑他的公正性吗？

第三，我与赵先生们争辩，并非因为他们是道教徒（我至今也不知道他们是否道教徒），而是因为他们以科学之名，行

① 赵文，载《丘处机与全真道》，页 140—141。

反科学之实。他们明知“方术神异欺骗世人”，还是竭力鼓吹方术神异，明知“一言止杀”无据，还要生拉硬扯，编造伪证。一个丘处机，被他们捏在手里，任意播弄。今天说丘处机不用方术骗人，是为“平实”，明天却说丘处机信仰梦游神霄“再自然不过”。今天说丘处机“用道德的力量征服了成吉思汗”，明天又说丘处机如果直言止杀“会引来杀身之祸”。信口而言，随心所欲。及至假话被人拆穿，又扯出道教徒与非道教徒之间只有“信仰差异”，不存在“对与错、真与假”的谬论，企图把具体历史问题的争辩引向玄之又玄的概念之争，藉以掩盖自己在历史知识上的严重缺失。这就是将信仰置于知识之上的妙用。

最后，对赵先生向我提出的要注意“对道教或道教信仰者的同情理解与起码尊重”，我想作一点回应。如果我理解得不错，赵先生说这番话的用意是指责我以及与我持相同观点的人，把我们告到一些对历史真相不甚明了的道教信仰者跟前，以煽起这部分道教信仰者对我们的不满和怨恨，从而达到向我们施加压力的目的。这让我想起过去金岳霖先生主编的《形式逻辑》中的一段话：

一个人不去证明自己的论题的真实性或别人论题的虚

假性，却采用一些激动感情的手法，使听众同情和相信自己，憎恶和不相信别人，这就是诉诸感情。①

金书是把“诉诸感情”列为“不正当的论证和反驳的手法”的，用在我们现在遭遇的场合是多么贴切啊！

2014年12月完稿于北京

（本文原载《中华文史论丛》2015年第1期）

① 《形式逻辑》，北京，人民出版社，1984年，页304。